醒来觉得甚是爱你

朱生豪情书精选 2

朱生豪 · 著

◆世上最会说情话的人
写出的最动人的情书◆

中国文史出版社

图书在版编目（CIP）数据

醒来觉得甚是爱你：朱生豪情书精选. 2 / 朱生豪著. — 北京：中国文史出版社，2016.3

ISBN 978-7-5034-7452-1

Ⅰ.①醒… Ⅱ.①朱… Ⅲ.①朱生豪（1912～1944）—书信集 Ⅳ.①K825.5

中国版本图书馆CIP数据核字(2016)第022041号

责任编辑：张春霞

出版发行：**中国文史出版社**

社　　址：北京市海淀区西八里庄69号　邮编：100142

电　　话：010-81136606　81136602　81136603（发行部）

传　　真：010-81136655

印　　装：北京新华印刷有限公司

经　　销：全国新华书店

开　　本：880mm×1230mm　1/32

印　　张：8.25　字数：170千字

版　　次：2016年3月北京第1版

印　　次：2020年6月北京第7次印刷

定　　价：32.80元

谨以此书献给天下有情人
祝愿有情人终成眷属

前言
Preface

  民国时期的才子大都写过情书，其中公认的最值得看的有徐志摩、沈从文、郁达夫、鲁迅、夏济安、朱湘等，但跟朱生豪比起来，他们都差了一个等级。徐志摩的太腻、郁达夫的太琐碎、夏济安的太笨，沈从文是深情无措的稚子、鲁迅是温情别扭的硬汉、朱湘是温柔委屈的弱书生……终究都抵不过朱生豪情书的好玩、俏皮可爱。这位被朋友笑谑为"没有情欲"的木讷书生，写起情书来实在是情书中的极品。

  如果说读沈从文和鲁迅可能会会心一笑，而看朱生豪的书信，绝对适合在阴冷的冬日夜晚，暖心暖肺而又更坚定心之所向，读来是情人更是益友，封封被感动到触及灵魂，有一种说不出的好。

  本书精选的朱先生的120封情书，无不展示了他当时写作的手迹和心迹，更让我们重新认识了一个立体的栩栩如生的朱生豪，这或许是他的同学、友人都不曾认识到的，因他在旁人面前不爱开口，所有的幽默、聪敏与遐思，只对他亲爱的"好友"宋清如讲。

但要说这些信是情书，其实没有那种惯常的温柔缱绻，连朱先生自己都戏谑："情书我本来不懂，后来知道凡是男人写给女人或女人写给男人的信，统称情书，这条是《辞源》上应当补入的，免得堂堂大学生连这两字也不懂。"在这"统称"的情书里，他就是一个古灵精怪的孩子，半纸童言诳语，半纸天马行空，半纸诡辩自嘲，半纸聪明的肉麻话，但是很真，很生动，活灵活现。他就是这样十年如一日"欺负"着宋清如，也独爱着宋清如。

1932年秋，朱生豪在之江大学与宋清如因"诗"相识，随后因志趣相投，便相知相许。1933年，朱生豪毕业后到上海工作，两人便两地分隔，开始近十年的苦恋之旅，以书信交流情感，倾诉相思。在信中，朱生豪无话不谈，畅聊人生、倾诉思念之情、切磋诗词、交流喜怒哀乐、相互鼓励、翻译莎剧……贯穿始终的主线是对宋清如无限的思念和爱慕。

笔能生情，笔能生花，笔下闪烁着的是一颗火热的心。朱生豪与宋清如写了整整九年的信件，终于有情人终成眷属。从1933年相识到1942年两人结婚，再到1944年朱生豪去世，这些情书见证了传奇而悲壮的爱情。正是由于伟大的爱情和患难与共的知己，才成就了一代译莎巨匠。

莎士比亚是浪漫的，朱生豪也是浪漫的。据统计，在朱生豪的信件中，光对宋清如的称呼就多达60多种，比如：宝贝、好人、姐姐、二哥、老弟、小鬼头、小亲亲、傻丫头、傻子、Darling Boy……而在每封信的结尾处，他对自己风趣的自称更有110多种，朱朱、张飞、朱儿、叔父、小巫、罗马教皇、兴登堡将军、哺乳类脊椎动物、叽里咕噜……即使是书写相同内容的文字，也不会让你看着有重复的意思，在名称这样的细节方面同样处处注意，力求让自己心爱的人感受到自己对她的重视。

在这些书信里，风趣的语言是到处存在的，试想如果此人内心里不风趣的话，如何能把莎士比亚的戏剧翻译得如此有趣呢？还有那些朱生豪擅长的唯美的表达，总会勾起令人心动的惊悸。如：

1. 醒来觉得甚是爱你。

2. 我愿你好，热情地热情地。

3. 要是玫瑰已褪了色，就请你用血和泪把它染红了好不好？

4. 弱者自杀，更弱者笑自杀者为弱者。

5. 期待着你将给我更大的（但永不要给我最大的，因为最大之上，将无可希望了）欢喜，当我看见你的时候。

6. 比起你来，确乎我更有做魔鬼的资格，而只好委屈你做天使了。

7. 我不笑你，但我真愿你不要再病了，永远地，永远地。不是假惺惺，真有点怅惘。有得时间生病，宁可谈恋爱。

8. 看见太阳，心里便有了春天，天气真有暖意，即使不怎样暖（否则室内不用生火炉），至少有这么一点"意"。

9. 我以为林黛玉式的美人在中国还是需要的，与其病态丑或健康丑，那当然宁可病态美。

10. 最是黄昏的时候，最想你得厉害，要是此刻能赶来和你默默相对半点钟而作别，我情愿放弃一切所要做的事。

11. 我爱你，凡不爱你的人都是傻子。在我的心中眼中以及一切感官中，你都是美到无可言喻。

12. 如果世上什么人都没有，只有你，多么好。不，我说，世界如果只有平凉村那么大，那多么好。

13. 我不要上帝宠爱，我宁愿你宠爱我。

14. 我一点不乖，希望你回来骂我，受你的打骂，也胜于受别人的抚爱。要是我们现在还不曾结婚，我一定自己也不会知道我爱你是多么的深。

15. 她美丽的灵魂投射在我心镜上的一个影子，因为我的感受力非常脆弱，不能摄取她的美丽灵魂的全部，然而我所能摄取的却已经深深地锁在我的记忆里，没有什么力量可以把它夺去。

目录
Contents

第一辑　相识相许：愿化作一面镜子，常常照你笑

朱生豪在之江大学与宋清如因"诗"相识，随后因志趣相投，便相知相许。

第二辑 相思相恋：我愿意舍弃一切，以想念你终此一生

朱生豪毕业后到上海工作，与宋清如便两地分隔，开始近十年的苦恋之旅，以书信交流情感，倾诉相思。

第三辑　爱到深处：一个浪漫的人，笑与眼泪是随身的法宝

　　在信中，朱生豪无话不谈，畅聊人生、倾诉思念之情、切磋诗词、交流喜怒哀乐、相互鼓励、翻译莎剧……贯穿始终的主线是对宋清如无限的思念和爱慕。

第四辑　情定终生：我不要上帝宠爱，我宁愿你宠爱我

笔能生情，笔能生花，笔下闪烁着的是一颗火热的心。
朱生豪与宋清如写了整整九年的信件，终于有情人终成眷属。

第五辑　婚后生活：醒来就盼着天明

结婚后，即使在分开的短暂的时日里，他们也是彼此牵挂彼此想念。即使不吃饭，也要写信。

附录 朱生豪诗文精选

朱生豪先生除了给他的妻子宋清如写信外，还有诸多小说、散文、随笔、短诗、评论在公开刊物上发表或者未发表，这些诗文更全面地展示了朱先生一生的才华与性情。

第一辑

相识相许：
愿化作一面镜子，
常常照你笑

Valentine

朱生豪在之江大学与宋清如因"诗"相识，
随后因志趣相投，
便相知相许。

001
好像很倒霉的样子

好人：

好像很倒霉的样子，今天一个下午头痛，到现在，嘴里唱唱的时候忘记了痛，以为是好了，一停嘴又痛了起来。顶倒霉的是，你的信昨夜没有藏好，不知一放放在什么地方，再找不到，怨极了，想死。

弱者自杀，更弱者笑自杀者为弱者。

总之，我待你好。心里很委屈，不多写，祝你好。

伤心的保罗 十一夜

无比的好人：

我是怎样欢喜，一个人只要有耐心，不失望，终会胜利的。找了两个黄昏，徒然的翻了一次又一次的抽屉，夜里睡也睡不着，我是失去了我的宝贝。今天早晨在床上，想啊想，想出了一个可能的所在，马上起来找，万一的尝试而已，却果然找到了，找到了！我知道我不会把它丢了的，怎么可以把它丢了呢？

我将更爱你了，为着这两晚的辛苦。

　　房间墙壁昨天粉刷过，换了奶油色。我告诉你我的房间是怎样的。可以放两张小床和一张书桌，当然还得留一点走路的空隙，是那么的大小，比之普通亭子间是略为大些。陈设很简单，只一书桌、一armchair（扶手椅）、一小眠床（已破了勉强支持着用）。书，一部分线装的包起来塞在床底下，一部分放在藤篮里，其余的堆在桌子上；一只箱子在床底下，几件小行李在床的横头。书桌临窗面墙，床在它的对面。推开门，左手的墙上两个镜框，里面是任铭善写的小字野菊诗三十律。向右旋转，书桌一边的墙上参差的挂着三张图画。一张是中国人摹绘的法国哥朗的图画，一个裸女以手承飞溅的泉水，一张是翻印的中国画，一张是近人的水彩风景，因为题目是贵乡的水景，故挂在那里，其实不过是普通的江南景色而已。坐在书桌前，正对面另有雪莱的像、题名为《镜吻》的西洋画，和嘉宝的照相三个小的镜框。再转过身，窗的右面，又是一张彩色的西洋画，印得非常精美。这些图画，都是画报杂志上剪下来的。床一面的墙上，是两个镜框，一个里面有几张友人的照片，题着 *Old Familiar Faces*（熟悉的老面孔），取自 Charles Lamb（查尔斯·兰姆，英国作家）的诗句；另一个里面是几张诗社的照片，题着 *Paradise Lost*（《失乐园》），借用 John Milton（约翰·弥尔顿，英国诗人）的书名。你和振弟的照片，则放在案头。桌上的书，分为三组，一组是外国书，几乎全部是诗，总集有一本 *Century Readings in English Literature*（《世纪英国文学读本》）、一本《世界诗选》、一本《金库》、一本《近代英美诗选》，别集有莎士比亚、济慈、伊利沙伯·白朗宁、雪莱、华茨渥斯、丁尼孙、斯文朋等，外加《圣经》

一本。一组是少少几本中国书，陶诗、庄子、大乘百法明门论、白石词、玉田词、西青散记、儒门法语。除了陶、庄之外，都是别人见赠的，放着以为纪念，并不是真想看。外加屠格涅夫、高尔基和茅盾的《子夜》（看过没有？没看过我送你）。第三组是杂志画报：《文学季刊》、《文学月刊》、《现代》、Cosmopolitan（《世界》，杂志名）、Screen Romances（《银幕故事》，杂志名）、《良友》、《万象》、《时代电影》等。杂志我买得很多，大概都是软性的，而且有图画的，不值得保存的，把好的图画剪下后，随手丢弃；另外是歌曲集，有外国名歌、中国歌、创作乐曲、电影歌等和流行的单张外国歌曲。桌上有日历、墨水瓶、茶杯和热水瓶。

你好？不病了吧？我怎样想看看你啊！

快乐的亨利 十三

002
我愿你好，热情地热情地

好友：

快放假了是不是，我从今天起开始盼望见你，带着很高兴的调子。我太没有野心，也许就是这一点不好，觉得仿佛只要看见你五分钟，就可得到若干程度的满足的样子。对于见面我看得较重，对于分别我看得较轻，这是人生取巧之一法，否则聚少离多，悲哀多于欢乐，一生只好负着无尽痛苦的债了。

我愿你好，热情地热情地。

不说谎的约翰　九日下午

003
为你作无言的祝福

好人：

读到你的信往往使我又喜又恼，喜的是读到你的信，恼的是你有时说起话来很令我难堪。例如你要我少写一点信，在没有说明理由之前，我只能解释为你讨厌我的烦扰。原谅我的无聊吧，今后将力守静默。

为你作无言的祝福！

你脚下的蚂蚁　十夜

004
总是希望能告诉你一些新的言语

清如：

　　读来信，甚慰，希望格外珍摄。短短几天，要受跋涉之累，回家去很不值得。能够读读书当然很好，你应该读读书的。

　　做人是那样乏力的事，像我每天回来，就是要读书，也缺少了精神兴致，心里又是这样那样乱得很，难得有安静的一天。纵是生活比止水还寂寞，感到的只是莫名的疲倦，更恐惧着日子将永不会变样。常常心里的热望使我和你写信，然而每回写时是一个悲哀，我总是希望能告诉你一些新的言语，然而笔下只有空虚。烦杂的思绪，即使勉强表现出来，也是难堪的丑恶。

　　今天他们去看《姐妹花》，回来十分称赞。我是已经看过了，那是张通俗的伦理片，略带一些社会意义的，演出的技巧很好，对白也清晰得可喜，获得太太小姐甚至于先生们的眼泪，大概不是偶然。在新光里已映了快四十天，哄动的力量，前比联华的《人生》还瞠乎其后。联华的片子，一般的说，在我们眼中虽还有些浅薄，然而已经有不大通俗的地方，《人生》如此，前次看的一张《都会的清晨》也是如此。天一的陈玉梅，我还不曾敢领教过，一般人说她很坏，我只知道她是个难看的女人。

好片子不常有，然而往往容易错过，一张《吉诃德先生》不看很可惜，还有如 *Song of Songs*（《雅歌》，影片名），《梵音情侣》等，也是极富诗趣的名构。虽则一些极伟大热闹的歌舞片宫闱片，我并不以不曾看为憾事。

商务里有一批 *Modern Library*（"现代书库"），*Every Man's Library*（"人人书库"）廉价发卖，因为身边不多钱，只拣了一本 *Swinburne*（史文本，英国诗人）诗选，一本 *Silas Marner*（《织工马南传》，小说名）。读书也不容易，像我们简直没福气读新出的书籍。*Silas Marner* 照理是应该早已读过了的，况且 George Eliot（乔治·艾略特，英国女小说家）也算是我十分欢喜的人，可是我偏偏不曾读她的这一本代表作。两天工夫读完之后，有点失望，觉得并不像 *Mill on the Floss*（《弗洛斯河上的磨坊》，小说名）写得好，故事比较简单一些也是一个理由，总之很比不上狄更司。*Mill on the Floss* 可真是好，我读时曾流泪，里面的女主角即是著者自己的影子，是一个好强好胜，想像丰富，感情热烈，玻璃样晶莹而脆薄易碎，带着不羁的野性的女孩子，她的恋人则属于很 passive（驯顺的）的性格，有病态美的苍白少年，带有多量女性的柔弱，逗人怜悯的那种人。故事很长很复杂很错综，而且读了长久也已模糊了，但这情形想起来很动人。在维多利亚三大家中，Eliot 最长于性格描写，Dickens（狄更斯，英国小说家）描写主角，总不及描写配角的出色，后者的好处是温情和谐趣的融和，以天真的眼睛叙述世故，把一切人都Cartoon（即卡通）化起来，但却不是冷酷的讽刺。文章也许是Thackerey（萨克雷，英国小说家）写得好。但小说在英国，无论如何赶不上法国同俄国，像Flaubert（福楼拜，法国小说家）、Turgenev（屠格涅夫，俄罗斯小说家）一类的天才，英国毕竟没有。

之江图书馆里英文书也是陈旧的多，可以看见近代文艺潮流的简直少得很。我还是喜欢读几本近代戏剧的选集，觉得读戏剧比读小说有趣得多。其实你也该用点功，想法子多看一点外国的东西。这是个人享受上的问题，不一定是为着自己将来的成就。我有一个成见，觉得女孩子特别怕看书，先生指定的东西也许翻得比男孩子格外起劲，但总不肯自己找书读。说是用功也全是被动的。

天又下雨了。

虔诚的祝福！我永不愿忘记你。

朱 廿三夜

005
大凡清晨的梦总是更纷乱

昨夜醒来听雨，一阵朦胧之后，重又做起梦来，大凡清晨的梦总是更纷乱，我也不大记得起来了。记得我是睡着，梦魇了，一样东西打胸口上压下来，喊，喊不出，一只脚还竖起着，要伸直都不可能，这原是常有的现象。于是我觉得一些人走了进来，姑母说，你看他这么好睡，要来揭被，我全知道，我在十分梦魇，他们说什么做什么我都知道，无奈撑不起身来。终于醒了转来，我说你们做什么我都知道，我说我在睡着的时候什么事情都知道，如果今晚这窗前月亮亮，我睡着也可以看见。仿佛我的眼睛盲了。仿佛我忽然想要问你一句话，我死了之后，你肯为我流泪不？仿佛我真要死了。我说，如果我们是生在不科学的时代，或者可以相信灵魂不灭，而期待着来生，但现在是什么都完结了，我不愿意死，因为我爱你得那么厉害。仿佛我读到你的同平常一样的亲切的信，但不是在我将死的状态中了，我要写回信——于是我写了这些。

006
纸上洒了几滴水，当作眼泪

弟怨不欲生，阿姊是否被大狼衔去了乎？

纸上洒了几滴水，当作眼泪。

廿九五点钟

007
你相信我是异常地记念着你的

清如：

　　只想给你写信，可是总想不出话说。一天过得糟透，苏州的朋友叫我在春天未去之前去玩一次，我很动心，可是想还是来望你一次吧，如果没有什么妨碍，你愿不愿意看见我？前天才回绝了一个人的借钱，今天又有人来问借，真使我想像我是一个有钱人。酒面扑春风，泪眼零秋雨，过了别离时，还解相思否？翻绝妙好词，得此四句，甚喜。肚子很饿，身上又有些冷了起来。你此刻大概在房间里，你相信我是异常，异常地记念着你的。祝好。

一日下午四时

008
告诉你昨天我看过什么电影

清如：

恕我又发过一次小脾气，你不怪我？

今天热了起来，要穿单衣了。

告诉你昨天我看过什么电影。吃过中饭，一点半了，到北京剧院看丽琳哈蕙的《龙翔凤舞》，英文名 *Congress Dance*，取背景于拿破仑被囚于 Elba（爱尔巴岛）岛之后，奥国权雄 Matternich 所操纵的维也纳会议，述俄皇与维也纳民间女子的一段缱绻。是一本清快的音乐喜剧，带着 opera（歌剧）的形式，虽然不过是 love story（爱情故事），又有一点政治的意味，却处理得似童话一样美丽，充满令人愉快的诗趣，和一般好莱坞的影片不同。丽琳在这里美极了，俄皇派马车接她，一路上穿过市街，穿过郊野，在车子里小鸟一样唱歌，路上的人都向她欢呼，真是一个美丽的梦。酒肆中的恋情，府邸中的神奇，宫廷中的舞会（亲王贵族们在会议室里，听着乐声，椅子整整齐齐地摇摆起来，终于溜了出去），以及一切人物性格之歌剧化，都有类于阿丽思的奇境。于是海面起了波浪，拿破仑的黑影在朦胧中出现，一切烟消云散，小女郎立在门边呆望。

接着又到新光瞧《阿丽思漫游奇境记》，毕竟因为太不自然的缘故，还不及在书上念着有趣。在我面前坐着四个女孩子，顶大的也只十二三岁，北方的言语，英文说得很好，看着预告的片子，说 *Song of Songs* 我看过，有意思ㄐㄧ·ㄠ（汉语旧注音符号）！又说中国片子讲 love 的不多，《姐妹花》也不讲 love。节目上有 Hollywood Parade（好莱坞展示）的短片，说那是什么哪，大概是一个一个明星出来一下吧。故事中的什么 White Queen，Red Queen（白桃皇后，红桃皇后《阿丽思漫游奇境记》里的两张扑克牌），也熟悉得厉害，Uncle William（威廉大叔）是什么人呀？我奇怪她们懂得这么多。

愿你快乐！不恼我！

六日下午

009
恨不得立刻飞来看你

清如：

我希望你不是生病了，心里很有些惝惝。但愿你没有信来是为着别的各种理由，忙、懒、不高兴、生我气，或是嫁了人了都好，只不要是生病。我卜了一下，明天后天都仍然无信，顶早星期四，顶迟要下星期五才会有信，这不要把我急死吗？

How like a winter hath my absence been

From thee，the pleasure of the fleeting year！

What freezings have I felt，what dark days seen！

What old December's bareness everywhere！

And yet this time removed was summer's time；

The teeming autumn，big with rich increase,

Bearing the wanton burden of the prime,

Like widowed wombs after their lord's decease.

Yet this abundant issue seemed to me

But hope of orphans and unfathered fruit；

For summer and his pleasures wait on thee,

And thou away，the very birds are mute；

Or，if they sing's tis with so dull a cheer

That leaves look pale，dreading the winter's near.

（以上为朱生豪先生摘抄的莎士比亚的十四行诗，借以抒发自己的情感，诗的大意是：

不在你身边，我就像生活在冬天里

你啊，是我飞逝的流年里唯一的欢乐！

我感到寒冷，就像生活在阴冷天！

到处是衰老的十二月，荒凉寂寞！

然而，这一次的分离正是夏日炎炎；

金色的秋天呢，因收获而充实，

像轴承一样，肆意负担，

像丧偶的寡妇，在子宫里留下了生命的种子。

然而，我看到的是孤独

因为他生来就没有了父亲；

夏天和夏天的欢娱都在伺候你，

而你不在这里，连小鸟都不爱歌唱了；

或者，即使它们歌唱也是沉闷的欢呼

这使得树叶苍黄，怕是冬天就要临近了。）

　　我想不出说什么话，因为我不愿说"恨不得立刻飞来看你"一类的空话，也不高兴求上帝保佑你，因为第一我不相信上帝，第二如果真有上帝，而他不保佑你，我一定要揍他一顿。

　　祝福你，"善良的人"。

心烦意乱　廿八

010
我没有不喜欢你的理由

好友：

心里烦得写不出话来，可是又非写不可。我直到此刻都在恼，因为你说了"实在我这人很不好，免得你将来不欢喜我的时候要恨我骂我"的话。如果你提到将来，当然我起誓给你听也是没用的，但你如以为我对于你的友谊的发生是由于一时盲目的好感的驱使，那么你从开始就得拒绝和我做朋友的；你如以为我们的友谊是基于深切的了解，那么你就得信任这段友谊。除非你将来变了样堕落了，那时我为着过去友谊的关系一定要恨你骂你，否则我将没有不欢喜你的理由。至于我们自己好不好是各个人眼光判断的不同。如果你以自己为很不好，也没有不许我以你为很好的理由。而且一个人不该太把自己看轻，如果你能使一个人倾心相爱，你总有特别使他钦佩的地方，不见得是因为他实在找不到朋友了才要找到你。以我自己说吧，我知道我是极无聊极不好的家伙，然而至少我相信即使我常爱说诳，心性轻浮，而且失去天真的心已沾上人世的污秽，但我对你的一片心总是可以向上帝交代，是真挚而纯洁的，因此当我赢得你的信赖时，我并不因为我不够和你攀朋友而觉得近乎僭越，我决不肯相信将来有一天你会翻脸不认我。如果我欢喜你，为什么我不能欢喜你呢？

语无伦次，余话再说。祝你好，我欢喜你！

你所不欢喜的人　十一

011
还是不醒来的好

我们的清如：

我们不知道几时才能再读到你一首较好的诗。如果我们是梦里的人们，我们要对那只作怪的夜莺说："谢谢你，还是闭住你的嘴吧，我们希望你唱着歌带我们到神奇的美梦里去，你却要哗啦哗啦唤我们醒来。到天亮的时候，云雀会来唤醒我们的，此刻夜冷静得如止水，还没有到应该醒的时候哩。要是玫瑰已褪了色，就请你用血和泪把它染红了好不好？老实说，要是我们醒来看见玫瑰已褪了色，还是不醒来的好。"

我们待你好。

朱朱和我　廿八夜

012
给我充分的悠暇吧

清如：

William Davies（威廉·大卫）说的：

What is this life, if, full of care,

We have no time to stand and stare ?

（这两句诗的大意为：如果什么都要操心，生活将会是什么样？
我们将再也没有时间驻足观望。）

如果我向上帝祈求，我将说，给我充分的悠暇吧！看云的悠暇，
听雨的悠暇，赤脚在椅背上打盹的悠暇，做诗、谈恋爱、自寻烦恼
的悠暇，或者就是全无思虑的，在一两点钟内给朋友写一封无所不
谈的随笔的信的悠暇。然而我的心是那么空虚又那么惶惑，那么寂
寞又那么懒。实在我有许多偶然触及的思想，一些偶然忆起的琐事，
我闷得很，我很需要告诉你，然而总似乎没有气力把这些搬到纸上。
给你写信是乐事也是苦事，我也说不出我是如何思念你。

生涯是全然的无望。

013
本星期尾要回家去

好友：

诗一首呈教。

下星期尾我来看你，你允不允许我？本星期尾要回家去。

不用再告诉你我是多么想你。做人是整个儿的无聊，也不知你把日子怎样挨过去。

我待你好，待你好，你好，好。

太保阿书

014
仍无薪水发下，颇感恐慌

好人：

我想你昨天并没回家，因为这里不下雨，天气凉爽，正宜游玩。

今日仍无薪水发下，颇感恐慌，前代定《建筑月刊》之钱，请即寄下（定单早寄在栏杆桥，有没有看见？）。否则我将不写信给你了，不是因为不待你好，而是因为没有邮票。

好像夏天已过去了的样子。我今天早上不曾吃粥，因为粥菜恶劣极了，一碟臭乳腐，一碟干菜，真难为情得很。

我待你好。

和尚　六日上午

015

做做恋爱的梦

清如贤弟：

昨天夜里看了Booth Tarkington（布斯·塔金屯，美国作家）的《十七岁》，看到第二百页的时候，已经倦得了不得，勉强再看了三四十页，不觉昏昏睡去，做了许多乱梦，其中有一个梦五彩缤纷，鲜丽夺目（你有没有做过五彩的梦？），迨到睡醒，忽然看见电灯尚未扭熄，大吃一惊，如果给居停看见了，又要痛心电费。一看表已快五点钟，熄了灯，天也已亮，于是把《十七岁》看完，再睡下去，梦魇了起来，照例是身子压得不能动弹，心里知道在梦魇，努力想挣扎醒来，似乎费了九牛二虎之力把半身抬起，其实仍旧是躺在床上那一套。

在良友里用廉价把《十七岁》买来，作者B.T.或者不能说是美国第一流的作家，但总是第二流中的佼佼者。描写十七岁男孩子在初恋时种种呆样子，令人可笑可怜，至少很发松，大可供消遣之用。"大华烈士"以论语派的文字把它译出，译文也不讨厌。如果你不讨厌我只会向你献些无聊的小殷勤，便寄给你。实在！让疯头疯脑的十七岁做做恋爱的梦，也尚可原谅，如果活过了二十岁还是老着脸皮谈恋爱，真太不识羞了，因此我从来不曾和你恋过爱，是不是？

今天希望有你的信（但似乎是没有的样子）。我待你好。

吃笔者　十四

016
期待着你给我更大的欢喜

好澄：

希望这封信能先你到家，等候着你。

路上平安？回家欢喜？母亲婉弟都好？以一颗热爱你的心，愿你得到最大的幸福，在母亲的怀里。

我的心是早该冷了的，为你的缘故，还不敢忘却春天的美丽。我不愿有更舒服的生活环境，因既已有你友情的抚慰，那是远宝贵过于一切的。

期待着你将给我更大的（但永不要给我最大的，因最大之上，将无可希望了）欢喜，当我看见你的时候。

祝福。

朱　十七

017
但愿来生我们终日在一起

虞山小宋：

何以为生，简直闷得死去活转来。

他生未卜此生休，实做人之已而已而也。

足下亦自以为无愁乎？我辈行垂垂老矣。

拉底带拉底带。

绣水　朱君

018
屈服的象征

昨夜做了一夜恶梦，梦见许多家族，祖先的鬼。我家园后那间破厅成了他们的聚集所，我也看见母亲的鬼，想叫姆妈，喊不出，苦闷地叫着m—m—m—，不是欣快，也不是惊怖，只是绝望，因为她也是那么冰冷地，像从棺材中跑出来的样子。

在宗法社会的旧家庭中，我似乎还算是比较自由的一个，因为一切我无需听命于父母亲族，但实际上鬼的势力仍是在暗中操纵着，逢时节祭辰，你必须向那些既不认识，又无感情的祖先下拜，便是屈服的象征。他们说我非讨老婆不可，并非为我个人的幸福打算，只因为我是大房的长子。但我当然没有做孝子顺孙的野心，至少我不希望我身后有人祭奠。

四日晨

019
昨夜的梦

昨夜的梦：

　　我弟弟非常nervous（神经质），因为他一个人睡在一间房间里，本来的两个同房间，一个生病回去，一个已死了。这房间是在顶楼的角落里，狭小而长，椽子板壁窗棂等都未加油漆，老鼠非常多，房间里堆着许多零乱的东西。在这房间的底端有一口年深日久的棺材，旁边点着一盏黝暗的琉璃灯。这棺材的盖是永远盖不拢的，总是掀开着一条缝。你猜睡在这棺材里的是谁，原来就是故英国诗人雪莱的遗体。白天人走出之后，常常有一位女客走进这房间里去，她穿着紫貂裘，长个儿的，但显得有些憔悴，偶尔和人们见面的时候，也点首招呼，但人家对她总有些神秘的惊惧。原来她便是雪莱的弃妻曼丽，跳在河里死的。往往她进入房间后不久，便见她和他一起出来到街上去。弟弟说："今晚把洋灯捻得亮一些吧，因为我怕。"

　　记得去年在上海有一批白俄的智识阶级举行普希金的逝世百年纪念，当时有一班中国文化界的志士激于义愤，大骂他们无耻，说他们污辱了普希金。很是好笑。

星期三

昨夜的梦：

　　我来看你，身上的衣服穿得褴褛不堪，像个叫花子。人家背后指着说，"宋清如真倒霉，跟这个人做朋友！"

　　人要懒死了的样子。想来想去觉得做人太麻烦，简直做不来，你要是懂得些做人之道，请告诉我，老这样糊涂着活下去或死下去，很可怕。

星期四

020
只好委屈你做天使了

老姊：

　　来信只有"□若说□没有写别字的先生，那来写别字的学生"一句话算是可爱的诡辩，此外似乎很有些缺少sportsmanship（运动员精神）的样子。

　　□

　　你自己对于自己的批评我是向来不要听的，你说你笨，你坏，你不好，你无情，你凶，都是太恭维了你自己，因为我最佩服这类人，而你则尚不够资格。至于说我给你装饰，那么不知道几时我曾给你涂过脂粉画过眉毛？

　　你知不知道一句古老的话，太阳底下没有新的事物？我不用再告诉你宇宙是一个大的鸟笼了，你是年青得可怕！

　　我不许你不许我这样不许我那样。□

Lucifer

中华民国5×5年5月5×5日5时5×5分

　　P.S.我的自名为"Lucifer"不过是僭窃名号，聊以自娱而已，但比起你来，确乎我更有做魔鬼的资格，而只好委屈你做天使了。

021
饮了这一杯酒，朋友

Drink to Me Only with Thine Eyes（就用你的眼睛为我干杯吧）

今日融合无间的灵魂

也许明日便会被高山阻隔

红叶上的盟言是会消退了的

过去的好梦是会变成零星的残忆了的
自夸多情的男女
明天便要讪笑自己的痴愚了
饮了这一杯酒朋友
趁我们还未成为路人
请多多的望我几眼吧

树头的叶夏天是那么青青的
一遇秋风便枯黄了摇落了
当生命已丧失它的盛年
宝贵的爱情也会变成不足珍惜
自夸多情的男女
明天便要讪笑自己的痴愚了
饮了这一杯酒朋友
趁我们还未成为路人
请多多的望我几眼吧

等到我们彼此厌倦之后
别离也许是不复难堪的了
然后等我们梦醒的时候
我们自己的生命也不复是可恋的了
相思是不会带到坟墓里去的
一切总有了结的一天

饮了这一杯酒朋友

为了纪念我们的今天

请多多的望我几眼吧！

022

愿化一面镜子，常常照你笑

宋：

　　庄××君很可同情，我对于吃笔的人总是抱同情的。我相信他一定没有读过追求学，因此而遭惨败，实深遗憾。凡追求，第一要知己知彼，忖量有没有把握；第二要认清对方的弱点"进攻"；第三要轻描淡写，不露痕迹；第四要有政治家风度，可进则进，不可进则须看风收帆，别寻出路，不给被追求者以惹厌的印象。硬弄总是要弄僵的，寻死觅活的手段，只能施于情窦初开，从来不曾见过男人的深闺少女，柔弱的心也许会被感动。College girl 大多是 hard boiled（老练的，不动感情的），这是认识不足和手段错误。如果李女士一定不肯接受他的好意，大概他以后会变成女性咒诅者。大多数的男人都是这样缺少 sportsmanship 的。对于女人的男性憎恶论，则我觉得较可原谅，因为女人之被男人吃笔大抵有历史的社会的根据，而男人之被女人吃笔，多分是自己的错处，主要的毛病出在"不识相"三字上。

你也许不是一切人的天使，但至少你是我的天使。

昨得"打油渣诗"一首，"仿宋体"：——

书隔一星期，□历七千万万世纪，思君意如火山爆发，每个细胞打结三十六次。临颖不知云，却怨天气好，愿化一面镜子，常常照你笑。

愿你伤风快好，我待你好。

和尚　十六

第二辑

相思相恋：
我愿意舍弃一切，
以想念你终此一生

朱生豪毕业后到上海工作，
与宋清如便两地分隔，
开始近十年的苦恋之旅，
以书信交流情感，倾诉相思。

023
希望你幸福，接受我不尽的眷慕

宋：

再过五天是星期日。今天，星期一，中午从厂里出来，就在盼望星期日了。星期日是不会有甚么乐趣的，但希望日子快些过去而已。我真不知道怎样把时间while away（消磨掉），没有一种方法能使自己快乐。看小说也感沉闷，跑出门，不知走到何处去好。歌旧的已唱腻，新的不上口，写信完全不高兴，朋友一个也不要看，无缘无故，想哭也哭不出，好吃的东西一样也没有。星期日最大的希望是身边有钱，走到外面一个人吃一顿中饭，买一大批书回来，再影戏院有好片子映，整下午葬在里面，因为此外似乎没有可以忘却自己的存在的方法。

心里完全是这样的空虚，不知给你说什么话好。明天也许你有信来，但愿你不要因我而不快，我收回一切的话。希望你幸福，接受我不尽的眷慕。

希特勒　廿一夜

024
真想把你抓起来打一顿

宋：

　　心里不痛快的时候，也真想把你抓起来打一顿才好。

朱　廿四

025
失眠

　　我实在是不值得可怜的，上星期又懒了一个星期。多极端，少调和，这实在足以影响我身体及精神上的健康。比如说吧，前夜整夜不睡，昨夜整整睡了一夜。失眠并不怎样痛苦，整夜不睡我还很少遭到过。两点钟上了床，很快就是三点钟，夜里的时间常比白天格外快一些，这是使我常晏睡的原因，虽我其实不愿意晏睡。于是起来捉臭虫，那时我便变成警捷狠辣的警察当局，一个个巨盗小窃都被我夹在纸头里捏杀了，一直杀得伏尸盈野，流血遍地，再关上了电灯，而天已经在发亮，计一小时四十余分钟，比有名的三十年战争还长久一些。昨天人并不倦，可是一到晚上九点钟，书是怎样也看不下去了，丁是一睡到大清早，从来不曾这样甜法。

读完了吉辛随笔四卷（*Private Paper of Henry Ryecroft*），因此还算用功。

026
做人的两种取乐之道

清如：

假使你再跟我多接触一点，那么我仍然会变成你所鄙弃之群中的一个，这话你相不相信。我实在是个坏人，但作为你的朋友的我，却确实是努力着学做好人，我很满足，因为这努力已获得极大的报酬，可以死无遗憾的了。

说起来有些那个，每回接到你信，虽是很快活，但也有些害怕，生怕你说嗔怪我的话。我太不天真，心里有太多的尘埃，话如果不经滤过而说出来，有时会使自己回想起来很难为情，到那时候，也只好涎着脸说"说过的话不算"而已。人要是不能原谅，那么世间将无一个可以称为好朋友的人，如果不是相信你能忽视我的愚蠢可笑的地方，我一定永远不愿意看见你，因为见了你我将无地自容。

以前我最大的野心，便是想成为你的好朋友，现在我的野心便是希望这样的友谊能继续到死时（把这称为野心，我想是一点也不过分），同时我希望自己能变好一些，使你更欢喜我。

人总是那么一种动物，你无论到哪里总脱离不了可厌的诸相，少理会理会他们就是。厌恶是不必，因为你厌恶了人，人也要厌恶你，但你如不理会人，那么人也不理会你，这就很清静了。骂女同学不值三角三的人，其实原来他不会如此无礼，都是因为他在人眼中自身也不值三角三之故，因此这算不得是侮辱，只能说是阿Q式的复仇。

和异性相处，最好的方法，便是不要过立崖岸，稍为跟他们随和一些，但不要太狎近。有许多女同学遭人嫉骂，都是因为过于矜持，不大方之故。在男女同学的环境中，太装出不屑为伍的神气，的确是足以令人难堪的（当然不屑为伍也许有不屑为伍的理由，但人总是昧于责己，只知道你神气，而不知道反察自身）。我在之江读了四年书，同班的女生，也有到最后一学期，路上相遇如不相识的，这种人我总不知道为什么要到有男人的学校里来念书。男人有时确是很下流，但这是因为他们从未学得尊重女性之故，在他们的经验中，只以为女子是另外一种人类，要把这种思想打翻，男女同学的学校实在是一个最适宜的改造观念的场所，但因为女子一方面的性格上的消极性质，在学问上少合作，课外活动方面不和男生竞争，学校当局则务为不彻底的防闲，对于正规的异性间友谊不加以奖励（他们都以为这些青年们是挺会交朋友的，其实有些只会瞎谈谈恋爱，有些非常面嫩，而有些则对于异性有着成见的憎恶），这些都足以阻碍双方理解的成立，而使男女同学一句话成为虚名，甚至只有坏处而无好处。我以为比如说在之江一类学校里毕业了出来，如果是男子，那么不曾交到一个女朋友还不算奇怪，因为女同学人数少，在较少人数中选择一个朋友，机会是要少些，但如果是一个女学生，那么至少也得有二三个以上的男朋友（不是说谈恋爱的人），因为二三百男子中，说是没有人配作她的朋友，这样的女子未免自视太高一些。不过这样的话，在目前是谈不到，男女间差异过大，隔膜太深，在客观环境未更变以前，他们间的关系还只能以恋爱结婚为限，这是无可如何的。我们当然都是理想主义者，也许在旁人眼中是可笑的也说不定。

读了生物学之后，你会知道所谓两性这一问题是如何一种悲剧。人类间的异性爱能从盲目的本能变成感情的交响，再从单纯的感情经过理智的洗练，因是创造出一种完全不同的事物出来，不能不说是绝大的进步。现今人类还不能不忍受许多生物学上定则的束缚，但几千年后，借着科学的能力，也许关于人类的生存和生殖两个问题有着另一的方式，而男女性将变为仅仅是精神上的区别，以彼此的交互影响提高文化的标准，这未不便是梦想，但那时人类当已进化到另一种阶段！

又是胡说。此刻我要出去，暂时不写了。

愿我亲爱的朋友与世无争，自得其乐。做人只有两种取乐之道，一种是忘我，忘了"我"，则一切世间加于"我"的烦恼苦痛皆忘！一种是忘人，忘了"人"，则一切世间的烦恼苦痛皆加不到我身上。

朱朱　三日

027
我心里有歌唱，有希望，有你

阿宋：

今天是星期，你猜想我很无聊吧？无聊是有些的，还不难过。我心里有歌唱，有希望，有你。

昨天回来，看完了顽童汤姆莎耶的故事，唱唱歌，很高兴，不曾忘记你。夜里做乱梦，姑母赶来上海责我在外面游荡，很怨。在把三年来的新旧诗词整理抄集起来，约有三百面光景，你看过的居多，等你来的时候，托你代我保存。

朱

028
一半儿飘零一半儿红

一半儿词做得不好，咏秋海棠，其实也等于不曾咏，没有奇警的作意或深沉的寄慨，把笔尖绕来绕去也总脱不了稚嫩的闺秀气。冷露两字不叶律，当全用平声字，把全句改作"一半儿飘零一半儿红"，不知好不好。

029
请借给我五块钱，好久以后还你

祖母大人：

请借给我五块钱，好久以后还你。

请讲个故事给我听，*Once upon a time there was a king*（大意为：从前有一个国王）。

请不要哭。

请待我好。

出须官官　十七

030
代你作了三首诗

小宋：

代你作了三首诗，这玩意儿我真的弄不来了。

春风转眼便成秋

昨日欢娱此日愁

愁到江山齐变色

惹伊鸥鹭亦低头

不见花前笑脸红

寂寥身世可怜虫

寒松阡陌娥眉月

肠断坟头夕夕风

迷离旧事逐烟尘

不尽凄凉剩此身

梦里依稀犹作伴

一灯红影照三人

我现在很有钱，你要我买点什么东西给你？

（我叫这个名字）

廿一

031
我的年龄一共有四说

清如：

元旦早上到家，过了两夜，今晚回上海，读了你的信，很快活。

家里当然并没有趣儿，来了几个客人，吃吃东西发发闷，想给你写信也没心思，一半因为没有钢笔墨水我写不出。夜里仍做些梦，都不记得了，今天早上睏晏觉，在被中想想你，曾经哭哭，不是为伤心或相思得苦，只是无聊而已。

我的年龄一共有四说，廿二岁，廿三岁，廿四岁，廿五岁。

再过两天是星期，又得玩了，还剩两三块钱。至少可以把西席地米尔的 Cleopatra 和刘别谦的 Merry Widow 两本一起看过。郑天然这家伙不知究竟打算来不来，要是明天不来，我根本对他失望了，已经是第四次的延期。

什么希望都没有，只希望就看见你，你阴历新年在家还是在校？

这是今年我所写的第一封信。一切的思念和祝福都属于你，愿你无限好。

我怪爱在冷天吃冷东西，此刻尤想吃ice cream。

朱　三日夜

032
有得时间生病，宁可谈恋爱

宋：

今夜我非常口渴。

从前有一个阿Q式的少年，某个女郎是他的爱人，但他并不是她的爱人，因此你可以知道他们的是一种什么关系。然而他是个乐观的人，他说，她不过是嘴里说不爱我，其实心里是很爱很爱的；

因此他非常幸福地生活下去，直到有一天她把他完全冷淡了。他说，真的爱情是渊默的，真的热力是内燃的，而外表像是蒙上一重冰冷的面幕；因此他仍然非常幸福地生活下去，直到有一天她嫁了人了。他说，爱不是占有，无所用妒嫉而失望，而且她嫁人是一回事，爱我又是一回事，她的心是属于我的；因此他仍然非常幸福地生活下去，时时去访候她，直到因为太频繁了而一天被飨闭门羹。他说这是因为她要叫我不要做傻子，既然我们的灵魂已经合成一体，这种形式上的殷勤完全是无谓而多事的；因此他仍然非常幸福地生活下去，直到老死，梦想着在天堂里和她在一起。横竖天堂并没有这回事，只要生前自己骗得过自己，便是精神上的胜利了。我说这样的人，非常受用。

真是从心底里感谢你给我的那两张照片，取景、位置、光线，都很好，那女郎可爱极了，你愿不愿为我介绍？看她的样子很聪明，很懂事，而且会做诗，也许很凶（？）

读书要头痛，最好的办法，就是不读，等不痛的时候再读。可惜你不多跟我在一起，对于应付功课债方面我是顶在行的，在大考的时候，我惯是最悠闲的一个，虽然债欠得比谁都要多。

我不希望你来（不是不要你来），你来我会很窘的。

买了一本《文学月刊》，一本《文学季刊》，其中的小说，模模糊糊看不下去，我说去年一年在小说、戏剧、诗歌一方面都绝少收获，诗歌已至绝路，戏剧少人顾问，小说方面，还有一批能写的人，可是作家一成名，便好像不能再进步了的样子。过时的作家写出来的东西几乎没一篇不讨厌。

前夜去看《风流寡妇》影片，我不曾看过《璇宫艳史》，很抱歉，刘别谦的作品一部也不曾看过，我以为一定是很好的，至少在技巧上画面上，不能怎样说它坏。但希望过奢，不免有些失望。故事不算不发松，不知为什么总觉得很空虚，不似《云台春锁》那样嘲讽得泼辣淋漓。歌舞场面的富丽，则别的影片如《奇异酒店》等中也已见过。希弗莱我本来相当的喜欢的，虽则他不是美少年，这里仍然是他的顽皮。但麦唐纳在任何一方面都不能使我满意，第一她完全不美，不动人，简直有些难看，第二她的表演也是平平，没有出色的地方，歌唱得还好，但不及 Grace Moore（格雷丝·摩尔，一名演员的名字）。

因此今天 Cleopatra 也不去看了，左右不过是铺张一些巨大的场面，比之《罗宫春色》和以前的《十诫》、《万王之王》是较失败的一张，因为缺少情绪上的力量，据说是。附近的小戏院里映《狂风暴雨》，去温了一遍，这类片子才真是百读不厌，而且第二遍比第一遍更满意。

郑××我看他真没有脸孔活在世上，日本大概不会去了吧？和你的说去北平一样，可是你有你的客观环境，还可以原谅，他赖在家里不知作甚么的。

接受我的渴念和祝福。

朱　六日夜

你一定说我不好，大概已成定谳，再为自己辩护也没有用了，我将以自怨自艾的灰心失望度过这不得你欢喜的余生了吧，言念及此，泪下三钵头。

如果上某个教员的第一班课，在开首几个星期里，必得格外巴结，给他一个特别好的印象，以后可以便宜不少，就怎样拆烂污也不要紧了，这是我一贯的政策，我的好分数都是这样得来的。

我不笑你，但我真愿你不要再病了，永远地，永远地。不是假惺惺，真有点怅惘。有得时间生病，宁可谈恋爱。

我能够崇敬你的，如果你愿意。

033
途次平安，到家快乐

亲爱的"英雄"：

英雄总是舍不得家的，终于回到娘怀里吃奶去了。想途次平安，到家快乐。

几时回来？大概未必肯来看我，我也决心不望你了。免得再使自己生气。

暂时只写这些。愿你好。

朱

034
浮生若梦

一九三五年一月廿三晚间

今天曾到什么地方走过?

四点半因为寄一封信出门去,茫然地坐 Bus 到外白渡桥下来,抄到北四川路邮政局前,摊头上买了一本《良友》(不好,印刷也大退步),旋即回来,总之,做人无趣。

刚才吃过夜饭吧?

是的,今夜饭菜有鸡,虾,咸肉等,虾是二阿姨从常州带来的,伯群先生也在座,看样子他们的婚期就在最近,青春过了的人,对于这种事,除了觉得必要这一个思想外,不会感到怎样的兴奋吧。总之,人生不过尔尔。

请问,足下对于婚姻的意见。

这是个无聊的发问。我只觉得看着孩子们装新郎新妇玩是怪有趣的,变成真事就没趣。总之,浮生若梦。

感慨很多吧?

没有什么感慨。有一个朋友因放学需钱,要向我告借五块,有趣得很，端整的钢笔字写了满一页，开首是寒暄，于是说我心性倾向悲观，应当怎样求解脱，念佛修行……

是不是开玩笑的写法？

不，完全是一本正经的，他是个古怪的佛教徒。于是借钱。钱我借不出，五块钱是还有，预备留在身边。去年他也向我借过五块，那时正是闹裁员欠薪，我一块都没有，好容易设法寄了他，不但不还，收到后回信都不给。在现在懒得一切的心情里，像煞有介事的写复信去给他声明苦衷兼讨论大乘教义的事，也只能作罢了。一切有为法，如露亦如电。

今天晚上预备如何消磨？

可怜也，本想一头钻到被里翻旧的外国杂志看，可是心里觉得怪无可如何的，想写信给澄哥儿。

他今天没信来吗？见了相依为命的母亲的面，该是怎样的悲喜交集吧。

今天望了一天信，只要知道他平安快乐就好了。做人有什么办法，不要见的人天天混在一起，心里欢喜的人一定要盼呀盼呀才盼到一天半天或者几十分钟的见面。

得了，你有那么好的一个朋友，岂不应该心满意足了吗？这世上，寂寞的人，心灵饥饿的人，是多到无可胜计哪，比之他们，你算是特别幸福的了。

（受了恭维，很快活）所以，我总不承认我是pessimist（悲观主义者）。

你现在希望什么？

容我思索一下。——希望生活有些满意的变化，这是uncertain（不确定的）的。最远一个希望是死，永久的安息。比如拍电影，这是远景，把镜头尽量推近，一个可能的希望是不久能再看见我的朋友（你知道我说的是谁）；再推近，一个半身景，这希望是快些放阴历年假；再近，一个面部的特写，是希望最近的一个星期日。

近来看过电影没有？

正式看过的只一张《国际大秘密》，片子不坏，人材不差！但趣味不浓厚，是美国式的俄国革命影片，其中的列宁扮得很像。中央电检会通过准映，但今天报纸上又载重新禁映了，不知什么理由。其实是非常灰色的一张。

领教领教，现在预备写信了吧？

不，算了。今晚一定早点睡。

那么再说，愿你今夜有个好梦。

看见宋吗？我想我不会有那样福气。

035
犹太人碰着她也要饿死

二哥：

今天星期三，还有三天，星期六就放假，一共七天。要是阳历新年放那么多，岂不好，不幸而生为阴国民。五日之前，信寄我家里，如果有信的话。

你大概安好，也许很忙，读一点书，或者只是想想而已也说不定。你读一点什么书？

郑天然昨晨六点钟坐大轮船留学去，不曾来看我，当然我也没有去送她。前晚我为她大气特气，电话里关照说我去看她，还想请她吃夜饭哩，巴巴的走到她旅社里，出去了。有事情得留下话，不使人瞎等是不是。这人吊儿郎当，借我至少十五块钱，还我十块，其余的算是我要付她的利息，犹太人碰着她要饿死。写信总是虚假的文言，她爸爸的！以后尽量不理她。

再说。菩萨保佑你易长易大，无灾无病。

拙者　日期见上

036
看见太阳，心里便有了春天

人生当以享乐为中心。第一种人眼前只道是寻常，过后方知可恋，是享乐着过去。第二种人昨日已去，不用眷眷，明日不知生死，且醉今宵，是享乐着现在。第三种人常常希望，常常失望，好在失望后再作新的希望，现实不过如此，想像十分丰富，是享乐着未来。你在读书时可以想像放假而快乐，放假时可以想像读书而快乐，于是永远快乐。

我假从二月二日（记住那是我的阳历生日，阴历生日已过去两个星期）放起，不想就急急回家，那天（明天）上午或者去买东西，下午或者去看舞台人的演剧，或者晚车回去，三日四日五日六日都在家，七日回上海，八日再可以玩一天，九日上工，十日星期仍上工，到十七再玩。

到家里去的节目不过是吃年糕，点蜡烛，客人来（我希望她们不要叫我拜客了），以及叉叉麻将。

新近发现了一条公理：凡是巴巴的来看我的朋友，都不外是因为：1.借钱，2.托我事情；其余的朋友都不愿意见我，这最近有好几个例证：

一、一个在苏州的好几年不见但常通信的朋友到上海来，打电话叫我到中央旅社看他，我把中央误听了东亚，找不到，后来他说，本想来看我，想想见面没甚么意思，因此就走了。

二、你过上海时我来车站望你，你说我不应该来看你。

三、郑××上次穷瘪来投靠我，今番堂而皇之地出洋，于是打电话来关照我都叫茶房代打，当然再不要光顾亭子间了。

四、我叫任铭善到我家来玩，他想了好几天，终于决定不来。

苦笑而已，云何哉。

看见太阳，心里便有了春天，天气真有暖意，即使不怎样暖（否则室内不用生火炉），至少有这么一点"意"。可是上海是没有春天的，多么想在一块无人的青草地上倒下来做梦哩。手心里确是润着汗，今年的冬天是无需乎皮袍子的，只是不知几时才会下雪，虽然我并不盼望。

你的来看你的朋友，如果不是一个古怪的人，便是一个平常的人，因为你要叫我猜，我便猜她（不是他吧）是一个古怪（means（意思是）有些特殊的地方）的人，否则你没有向我特别提说的必要。古怪两字用指最高泛的意义，不单指人的本身，也指case，condition（情形、状况）等等而言。

这答案答得坏极。

Bertram（莎剧《终成眷属》中男女主人公的名字）的离别使她的眼里充满了眼泪，心里充满了悲伤。因为她虽是绝望地想着他，但每点钟和他相对，对于她终是很大的安慰。Helena（莎剧《终成眷属》中男女主人公的名字）会坐着凝望着他暗黑的眼睛，他慧黠的眉毛，他美发的涡卷，直至她好像把他的肖像完全画在她的心版上，那颗心是太善于保留那张可爱的脸貌上每一根线条的记忆了。

当我年轻的时候，我也是这样的。爱情是那朵名为青春的蔷薇上的棘刺。在年轻的季节，如果我们曾是自然的儿女，我们必得犯这些过失，虽然那时我们不会认它们为过失。

不要自寻烦恼，最好，我知道你很懂得这意思。但是在必要的时候，无事可做的时候，不那样心里便是空虚得那样的时候，仍不妨寻寻烦恼，跟人吵吵闹闹哭哭气气都好的，只不要让烦恼生了根。

你是个美丽而可爱的人，春天、夏天、秋天和冬天的精神合起来画成了你的身体和灵魂，你要我以怎样的方式歌颂你？

祝福！

朱朱　一日

037
生活得像蚂蚁一般微末

宋：

不知怎么心里怪不如意，总觉得世界欺骗了我，不得劲，弱得希望死。能够把自己的生命弄得悲剧一些总是有意思，无可奈何的是怎么也不过是一个悲喜剧里连叫人发笑或怜悯都不配的小丑，受着运命和性格中弱点的支配，一点也做不了主宰，生活得像蚂蚁一般微末，那真太可怜了。

《古梦集》一本，已装订好，不久寄给你。捧着自己的心血，有点发抖，过去的终是再不回来了。

想着你。

祝福。

朱　五日

038
有了生命就有寂寞

做人真寂寞，做猫狗鸟儿也是一样，有了生命就有寂寞。写不出诗，也是苦恼之一种。能无聊无聊，多好啊！

039
我想不到做人是这样无聊

姊姊：

如果我愁闷死了，大概一定和你没有什么相干的吧？我永远想不到做人会是这样无聊的，否则我一定早就叫母亲不要生我了。

云儿飘　廿日

040
无尽的牵挂

清如：

今天好没有好？昨夜睡得安不安？安安静静，什么都不要想，于是日子会过得很快，一下子就好了。虽是距离隔着我们，但你跟我总是那么近，仿佛我能听见你的呼吸，感得到你的红的热的颊儿似的。弄堂对门有学校，女孩子唱歌，那么活泼，想起过去的时日。愿你痊愈！

朱　廿晨

041
我愿意我能安慰你

清如：

今天上午阴了半天，果然下起雨来，心里很不痛快吧？昨夜我很早的睡了，可是睡不着，今天头痛，吃过中饭倦得很，头只是倒下来。一个小学生上课时举起手来，问他，他站起来，手背揩了揩眼睛，说，先生，我要睡觉去！

从前刘延陵有过一首诗，写小孩子陪着母亲，坐船渡河，带着鲜花去望医院里病着的姑姑。母亲叫他唱歌，小孩拍起手唱："……说得尽的安慰，我们都说过了，说不尽的安慰，我们都交付给鲜花了，……"反复着轻柔的调子，很美，有太戈尔《新月集》里的调子。《新月集》你读过没有？

你病了，想起来也心里寂寞得想哭，不十分难过还好。我愿意我能安慰你。等你爽了再给我写信吧。祝福！

二十下午

042
我平生看见的最伟大的笑

昨夜我在梦里大唱其歌，嗓子吊到半天高，被誉为 the world's greatest tenor（世界上最伟大的男高音）。学校开学的第一天，我从头龙头下山吃饭去，遇见宋清如和那位 inevitable（躲避不了的）的某小姐以及另外一位杜撰出来的女士从宿舍里出来，我对宋清如说："瞧你简直像个鬼"。因为她满面孔跌破抓碎，贴满了橡皮膏和布片，面色又黄又老又难看，见了怪教人心疼，禁不住要爱她，这是love at first sight，中文译为一见倾心，于是我play the gallant（献殷勤），说，"一同吃饭去好不好？"她贼忒嘻嘻地犹豫不定，心里是答应的，但是因为嘴里太干燥，说不出话来。那两位密斯见机说，"我们少陪了（让你们去play donkey（做傻事）吧）"，我说大家一块儿去吃饭又有何妨，假使你们小气不肯请客，就各人自会钞也罢。她们说不用客气了，于是带着一副贼腔去了，少不了做个鬼脸，以及笑那种女人特有的笑，那种笑既不是场面上应酬敷衍的笑，也不是中心发出来的愉快的笑，又不是因为感到发松有趣，胳肢里被tickle（挠痒）了的笑，乃是一种根本不必笑的笑。你——不是你，我说的是宋清如，真腼腆得可以，大学教育不知教了她些甚么，于是我也只好红红面孔，陪着她慢步金莲地走着，心里只想有机会把她作弄一下，虽则未免太罪过。嘿！这顿饭吃得可真写意，每人坐一张桌子，因为菜蔬太多，一桌子放不下。刚要吃之时，幕布便拉拢了，休息五分钟，我说这种电影我不要看了，于是出去做the world's greatest tenor，可惜你——她没有福气听我唱，⁄⁄⁄⁄⁄⁄⁄⁄一一唱到最高的地方，力竭声嘶，变成了猫叫，听众大拍其掌，我觉得非常荣幸。

我有没有告诉你过，有一次我梦见宋清如，她开始是向我笑，笑个不住，后来笑得变成了一副哭脸，最后把眉毛眼睛鼻子嘴巴都笑得变动了位置，最后的最后满面孔都笑得面目模糊了，其次的最后脸孔上只有些楔形文字，这是我平生所看见的最伟大的笑。

我真爱宋清如。

元始天尊

043
不要自命不凡地自称为狠心的人

傻子：

不要自命不凡地自称为狠心的人，以使读你信的人感到滑稽而哑然失笑，如我读到你信时所感到并且哑然失笑那样吧，作为狠心的人，那尊号是女人们所永远够不到的。你是十分不够格，绝对地而且必然地。（以上全是外国句法，注意。）

在对人的感情而言，我比你要淡漠得多，自私得多，而我却自命为多情。狠心的人一定不知道狠心这两个字的，因为他心中根本无别人的感情的印象存在，即，他从不把别人的感情看作一回事，因此，他加于别人感情上的伤害，他不知道也不管，他决不向人表白他是狠心的人，仿佛要求人原谅一般。他根本并不以为自己是狠心，因为他的心是生来就狠，不是自己使它狠起来的。因此他有时可以坦然地说着温柔的话以骗人而不以为意。至于自命狠心的人，却最容易被人攻袭而无所措其手足，而且嘴里说我是狠心的人的时候，心里总是充满着感情，却仿佛一切都是无可奈何的样子。

044
再论狠心

再论狠心（注意：未读附函不可看此）

女子当自命为狠心时，每有一种殉道者似的高壮的感觉，但男子中也有此种感觉者，惟所谓诗人与 feeble-hearted（意志薄弱的）之流。男子是无往而不狠心，他看得这两字太平凡了。他们高兴用狠心对待人，但不愿意人家用狠心对待他，这是所谓男子的自私，然而这也不过是一种错觉罢了，因为实际上男子是格外欢喜对他狠心的人的。举例，厉害一些的老婆常能保持她丈夫对她的爱情，而善良的妻子常为她男人所轻厌。这或者是这世间有战争的原因，为着这种敬强凌弱的心理，为着支配这世界的是男人。但女人实际上也有这种情形，谁个女子愿意舍弃一个英雄豪迈的伟男，而跟一个阘茸卑琐脂韦谄媚的小丈夫跑呢，除非后者或者有物质上的优越条件？大凡心身健全的人，他（她）所爱慕的对象都是性格强壮（善于狠心）的人，心身有病的人，才爱温柔多情者（达官富翁之于姨太太不在此例，因为他们意在玩弄，无爱慕之可言）。心身畸形发展者，则流于虐待狂及被虐待狂的情形。对于最后一种人，你向他说一声我恨你，比说一百声我爱你要使他窝心得多。

045
一回到上海，便满心里都是你

清如：

在家里过了三夜，倒并不如想像的那样无聊，全然忘了一切，无所为地高兴起来，家里的婚事只是小热闹一下，一切像儿戏般玩着，那位弟妇我不知叫她什么好，终于叫她做嫂嫂，比你大得多，不是孩子样儿。大表姐的第六个孩子，最小的甥女，和我很要好，陪着她玩。她的四哥在兄弟姐妹间乡气最重，是个戆大，人很忠厚，但不惹人欢喜，被妹妹欺负得哭起来，我过意不去，领他到乡野里走，他很快活，虽然似乎很笨，对于大自然却很敏感，看见骑在牛背上的牧童，很是羡慕，说脱下长衫去做看牛童子，一定很写意。徘徊旧游地，那些静寂如梦的 old spot（陈迹），对于灵魂是一种苏醒。我曾指点给孩子们我从前读书的小学，我对我的各个母校都眷眷不忘。我的中学时期是最枯燥颓唐的一段。

昨夜回到自己房间里，才看见你一日所写的信，于六日到上海。我气量（应作器量）确不大，平日勉力自扩，然有时无可如何，心里过于气闷之时，一遇可乘之机，便要借此泄泄郁恨，别人也许会认真，但你好得很，从不跟我闹气，因此我对你什么话都不怕说出来，否则真会很羞的。

到家里我可以不想你，但一回到上海，便满心里都是你，想你有时要想得哭，但不想更无聊。

我不想望什么，但愿一生有得好东西吃，他无所也不敢希冀，如祈福，我愿我有一个美满的来生，更愿来生仍能遇见今生的朋友以及永别的爱者们。

今天去看盼了好久的银幕上的《块肉余生》，迭更斯的作品，即使还不能达到艺术的最高峰，总是非常富有感情的文字，我读他的小说总不能不流泪，电影上也有好几块能使软心的人呜咽、硬心的人心软的地方，但一般而论，迭更斯的作品结构都失之散漫，因此改编为电影，很不易讨好，全剧精彩的地方，都只在各片段。但制片者的努力是很可佩的，那么一本大书，那样复杂而多方面的故事，竟能如此有条不紊简洁而无遗漏地演了出来。这片是 All Star Cast（全明星阵容），内中人才很不少，但真做得好的，却似乎只扮演大卫童年的一角，那个孩子应该是不让贾克古柏的。

在广东店里悄悄地吃了一碗叉烧蛋炒饭，便乘雨回家。今天虽是星期一，又天雨，而戏院仍满满的。

弟　朱某顿

046
与其病态丑或健康丑，那当然宁可病态美

宋清如，

我觉得，"小姐"比"女士"不肉麻得多，你以为如何？

"她"字完全是多事；"他对她说"固然明白，"她对她说"岂不仍旧弄不清楚，还要分写作"㛼"和"妣"？

今晚□□没事做，因此写信，虽然并不高兴写。

从前星期日也可以整天住在家里，近来老想"到上海去"（在我们这里是这样说的），太费时间，从提篮桥到抛球场一段电车总得一二十分钟，等车子的时间不算，到法租界去得四十分钟，没有特别的事总不大上算。我最常到的两条路是四马路和北四川路，四马路自然是因为书店的缘故，其实那是最最俗气的一条马路。静安寺路霞飞路是上海最好的两条路了，但我不能常去，北四川路颇有名士风趣，夹在广东人和日本人之中间，有一种说不出的吊儿郎当。南京路是《东方杂志》，四马路是小报，霞飞路是画报，北四川路是《论语》、《人间世》。

昨天一下火车便去看电影，华雷斯皮莱的《自由万岁》，这是张

难得的片子，我勉强使眼泪不流下来。虽然以个人的好恶而论，对于这位莽汉型的主角，我并无特殊的好感，如有人所批评的，华雷斯皮莱只能浮面地抓住观众的情感，但不够深刻。这位丑男子的地位评价，总该在 George Arliso, Charles Laughton, Paul Muni, Edward E, Robinson（都是当时的一些知名电影演员）诸人之下，比小白脸们那自然要高得多了。出来不知天下雨，而且很大，索性到对过金城里去买五角钱票看《新女性》，第八个失望，片子长得异乎寻常，说明书弄了一大篇，我想导演者还算聪明，否则按着中国影片的拖拖沓沓的老毛病推想起来，这么纷繁的头绪准得演上一整天才演得完，然而看下去是多么无精打采啊！同样的题材，《三个摩登女性》确不愧是成功的优秀作，女人除了教训意味太浓之外，也不失为流丽干净。

《新女性》我不知怎么说好，主角阮玲玉饰妓女等之类是成功的，扮女作家真太不像了，表演老是那个"型"，如果原谅她扮这角色的身份不配的话，那么至少得说她一句毫无进步，看她从前的作品要比现在的作品满意得多。人和蝴蝶一样，也越变越难看了。立起身走出的时候，已过七点钟，已经映过整一点钟，照本事的情节看起来，似乎还不过三分之一的样子，叫人打哈欠的东西，谁能耐心这么久坐下去，尽管它的意识十分正确。因此想到《香雪海》的导演手法确值得称赞，虽然是那么庸劣的故事，却是像美丽的小品文一样抒写出来，简单的情节，不多的人物，灵秀的表演，在去年度可算是最成功的一张了。

你会不会玩麻将牌？那并不是怎样有趣的东西，有时会使你非常心烦，但一陷入方阵之后，简直无法摆脱，完全不想罢手了，因此是费时失业的东西，并且能使亲人暂时变为冤家，因赌牌而两亲家母争吵或母女不和，是最普通不过的事。如外国的纸牌之类，如果目的不是为赌钱，只是游戏而已，那不久就会厌倦的，但麻雀牌的魔力要大得多，它需要更复杂的勾心斗角，同时又要看手风牌势，讲命运，各人的个性也最能在打牌时看出来，有的是越输越吵，有的却越输越静，有的迟疑不决，有的当机立断，有的老谋深算，有的粗率卤莽，有的敢冒险，有的讲持重稳健，有的随随便便，有的心无旁骛，洋洋乎大观哉。至于等待一张需要的牌的心境，是和恋人的心境并无二致的。

我常常想不出你所说的看书是看什么一类书。

昨天火车里看见一个年纪很大了的女学生，胖得像猪一般，又有一个瘦得很的中年妇人，面目可憎的样子，衔着香烟老走来走去，真不应该有这种女人。我以为林黛玉式的美人在中国还是需要的，与其病态丑或健康丑，那当然宁可病态美。

讲来讲去全是有闲趣味。再会。有人说，宋清如很滑稽。

祝好人好。

朱生豪　九夜

047
你实在太好，你简直不是女人

宋：

你不来信，很可恨。

三首贺新凉词，做是做得很吃力，越看越不像样，简直是狗屁不通，你劝我以后不要妄想做诗人了好不好？

彭重熙称赞你很安分守己，我倒希望你惹是招非。

你实在太好，你简直不是女人。

否则此刻我在杭州了，虽则也许你还不曾知道。总之是你不好，明天等待着我的仍然是一整天的空虚。

矮小的中国女子，穿着西式晚礼服，很不好看。

圣灵赐给你满心的喜悦，愿你仍旧待我好。

朱

浅薄的人，人家的仆役，和狗，是世界上最神气的三种动物。

星期六之夜

初到上海来的时候，很有心学做一个gentleman，可是终于很快地回复到vagabond的路上。根性如此落拓，即使有一百个妻子拘管着我，我也不会变成gentleman（浪子、流浪者）的。

星期日晨自叹

048
漫画

宋：

　　我想得你好苦，你为什么不想我？

049
为什么我一定要写信给你呢

What shall I say, Mademoiselle?

I am a tedious bore, a born liar, a useless fool, an unwelcome guest, and one that does not worth the least of anyone's care, particularly of you. It is better for me to seal my mouth, kick away my pen, and bury myself in some forgotten place and eat my heart up. Why must I write you? Why? Why? Why? But oh! These rainy days! I'm feeling like a dying dog.

(in some sort of desperation)

大意如下：

我说什么才好呢，小姐？

我是一个单调乏味的讨厌鬼、一个天生的骗子、一个没用的傻瓜、一个不受欢迎的客人，而且是一个不值得任何人，尤其是你的哪怕一点点关心与照顾的人。对我来说最好是封住我的嘴巴，再踢开我的笔，然后把我埋在一些容易被人遗忘的地方去，并且把我的心吃掉。为什么我一定要写信给你呢？为什么？为什么？为什么？

哦，该死的下雨天！我感觉自己就像是一条快要死的狗。

（在某种绝望中）

050
最是黄昏的时候，最想你得厉害

弟弟：

《江苏教育》是江苏省政府教育厅出版的。

今天发薪水，买了一块钱邮票，一本信笺，一札信封。跑书店的结果，只买了两角钱一本薄薄的《六艺》，这是现代派作家们继《文艺风景》、《文艺画报》、《文饭小品》诸夭折刊物之后的又一个花样儿，编制和文艺画报相同。据我所知道他们本来是预备把《现代》复活的，后来仍改出这个杂拌儿的"综合性刊物"，包括文学绘画戏剧电影等东西。施蛰存现在是不声不响着标点国学珍本丛书，起劲干着的，还是叶灵凤穆时英刘呐鸥诸公子，《晨报》（被封禁后现改名《诚报》发行，尚未见过）的《晨曦》便是他们的地盘，常和生活书店一批人寻相骂。

《六艺》等我加批后寄给你看。

在读Lawrence（劳伦斯，英国作家）的 *Sons and Lovers*（《儿子

与情人》)，如题目所表示，其中所写的是母爱与情人爱的冲突。Lawrence是写实主义的尖端的作家，完全着重于心理分析（再进一步就要钻进牛角尖里去了），而不注意故事，这本书较之去年所读的他的 *Lady Chatterley's Lover*（《查泰莱夫人的情人》）（据说是外国《金瓶梅》）要好些，因为后者除了几乎给人压抑感的过量的性行为描写外，很干燥而无味，但这本 *Sons and Lovers* 的各个人物的性格剖析，都极精细而生动。

我想不出老读小说有什么意思，但是读什么好呢？

有时我真忙得分不出身来，又想写信，又想作些活，又想看书，又想闭了眼睛沉思，又想在夜之街上徘徊。最是黄昏的时候，最想你得厉害，要是此刻能赶来和你默默相对半点钟而作别，我情愿放弃一切所要做的事。

无尽的离思呵！祝你好！

弟弟

我猜想你近来比较很沉默。

051
凡不爱你的人都是傻子

好人：

昨天梦你到嘉兴来玩，我爱你，凡不爱你的人都是傻子。在我的心中眼中以及一切感官中，你都是美到无可言喻。

天这两天变凉了，我毫无意见，随它冷热，都与我无干。

前天买了一本有趣的旧西书，"House-boat on the Styx"（《冥河中的船屋》），Styx是通阴阳两界的河名。其中当然尽是些鬼话，荷马莎士比亚孔夫子伊里沙伯女王哈孟来特拿坡仑华盛顿等等都在一起清谈口角，最被挖苦得厉害的是Dr.Samuel Johnson（塞缪尔·约翰逊博士，英国作家和文学批评家）。书的作者是完全无名的，出版于一八九零年。莎士比亚和约翰生博士争论莎士比亚戏曲是否莎士比亚本人所作，不能解决，去问Francis Bacon（弗朗西斯·培根，英国哲学家），Bacon说是他作的，莎士比亚是他的"打字员"，因为稿子由他打字，便冒认为己作，一个连自己姓名都弄不清楚（莎士比亚的亲笔签名式共有六七种不同的拼法，后来有一位先生著过一本书，发现这个名字一共可以有四千种拼法！）的人，怎么会著出Hamlet

（哈姆雷特）来呢？老莎大发急，再去问 Sir Walter Raleigh，Raleigh
（沃尔特·雷利爵士）笑笑说 Hamlet 既不是培根做的，也不是老莎
做的，那作者正是我哩。莎士比亚说，怎么，莎士比亚的作品都不
是莎士比亚作的，那么究竟有没有我这个人呢？又有一个笑话，一
次莎士比亚回到阳间去，在伦敦登台演 Hamlet，大受批评家的白眼，
说他完全不懂莎士比亚。一晚他们举行讲故事会，预先派定约翰生
博士做主席，因为他这个人惯会刻薄人，要是叫他等别人说过后插
入一两句批评，那是非常够味的，但要他自己讲起来，便三日三夜
讲不完，冗长得叫人异样头痛。第一个立起来讲的是 Goldsmith（戈
德斯密，英国作家）（他是个不会讲话的人），红红脸孔说了一些反
反复复的话，便说要宣读《威克斐牧师传》前五个 Chapter，大家急
了起来，主席先溜走了，关照从者等他读完了来唤他。还是拿坡仑
和威灵顿公爵商量出一个办法，假装因旧恨而吵闹起来，把会场闹
得一塌糊涂，才避免去 Goldsmith 的读《威克斐牧师传》。拿坡仑问
Frederick（应为 Friederich，腓特烈大帝，普鲁士国王）大帝有没有读
过 Carlyle（卡莱尔，英国作家，历史学家）所著 Frederick 传记（一部
卷帙浩繁的著作），他说不曾，因为没有工夫，拿坡仑说你现在永生
了，尽管读到 eternity（永远），难道还没有工夫？他说，你读了三四
页便知道了。

　　让我亲亲你，让我爱爱你，无数的肉麻。

朱儿　三〇

052
我因被臭虫咬得难过而自杀

如果我自杀了，依利安那，发表声明说，"我因被臭虫咬得难过而自杀"，大家将会失笑吧，其实这理由并不比经济压迫不充分，因为被臭虫咬，除了身体上的痛苦之外，还要因此失眠，失眠则精神不佳，精神不佳则工作无力，工作无力则生活无趣味，生活无趣味则厌世，厌世则自杀。

我寂寞得很，然而跟别人在一起，实在还是孤独的好。昨天，钱又没了，一个人来看我，和大多数人一样，这也是一个不能使我欢喜的人，满口洋话，却又有几分"寿"。先是拉我跑出去吃冰，于是说到park去，我说没有pass（门票），他说不要紧，撞进去好了，结果是被拦了回来。天微微下着雨，在路上流浪着，他的话题不脱love and marriage（恋爱和婚姻），因为听说而且知道我有一个sweetheart（恋人），故很以我为幸福。我因为讲不来外国话，所以回答也回答不出来，心里想说，即使我有一百个sweetheart，我也看得像白开水一样平淡无味。最后决定到Ritz（"利兹"，电影院名）看影戏，约莫有经二龙头到虎跑那样一段路完全在微雨中步行了去，走得他吃力煞，老落在我后面，到了戏院，天便下起大雨来。片子是*No Greater Glory*（《最大的光荣》，电影名），全是由孩子做的，趣味很少，但表演颇深刻，意义有些ambiguous（含糊），因为要说它是提倡战争或反对战争，都说得过去。或则因为其中没有少女（女角只孩子的母亲一人，一个中年妇人）的缘故，那位朋友很摇其头，说是funny（好笑）。出来天仍雨，他给了我四角钱坐黄包车而回，真倒霉。

我真想在海滨筑一间小屋，永远住在这里面，请一个管家妇，一切庶务银钱等事全给她管理，再领一个贫家无父母的孤儿女作我的孩子，每天和他一起看海。你要是高兴，一年中可以来望我一次，我不预备招待任何朋友。

053
眼泪是愚人的法宝

心里烦躁起来，想要咆哮，这种生活死人才过得惯，我猜想活在世上的都是死人，因为活人决活不下去。一切的无意义是无意义到透顶，感伤是滑稽，深情是ridiculous（荒谬的），眼泪是愚人的法宝，同情哀怜都是弱者的道德。我只想首触不周山，把愤慨的火烧尽整个宇宙。死在洪水里，死在大火里，死在刑场上，都比死在母亲或爱人怀里痛快得多，我想像着古代人被九牛分尸的惨痛的快活，整个儿的身体在一声鞭响下支解开来，把血肉模糊的印象遗给别人灵魂上的悚栗。活着总得飞总得鸣，不飞不鸣，与死无异，然而翅膀生锈了，喉咙也生锈了，脑袋在腐烂，心在发着霉，如今冀望一个清新的死也再不可得了。

054
虚空

□□：

昨夜梦见红红面孔，有趣得来，你猜是谁？

子曰，如之何，如之何，alack-a-da！

Vanity of vanities，all is vanity.What profit hath a man of all his labour which he taketh under the sun? One generation passeth away，and another generation cometh，but the earth abideth forever.The sun also ariseth，and the sun goeth down，and hasteth to his place where he arose.All the rivers run into the sea，yet the sea is not full，into the place from whence the rivers come，thither they return again.All things are full of labour，man cannot utter it，the eye is not satisfied with seeing，nor the ear filled with hearing.The thing that hath been it is that which shall be，and that which is done is that which shall be done，and there is none wthing under the sun. There is no remembrance of former things, neither shall there be any remembrance of things that are to come with those that shall come after. I have seen all the works that are done under the sun, and behold, all is vanity and vexation of spirit. And I gave my heart to know wisdom, and to know madness and folly. I perceived that this also is vexation of spirit. For in much wisdom is much grief, and het hat increaseth knowledge increaseth sorrow.

（以上英文大意如下：

虚空的虚空，凡事都是虚空。人一切在日光之下的劳碌，都有什么益处呢？一代过去，一代又来，而地却永远都在。早上，太阳升起；晚上，太阳落下。太阳落在它该落下的地方，升起在它该升起的地方。所有的河流归向大海，海却不满；江河从何处流，仍归还何处。万事令人烦恼，说也说不尽。眼睛看不完，耳朵听不全。现在有的事，以后必定还会再有。普天之下，并无新鲜事。已过去的时代，无人记念；将来的时代，后来的人也不会记念。我见普天之下所做的一切事都是虚空，都是捕风。我又专心察明智慧、狂妄和愚昧，才知道这也是捕风。因为多有智慧，就多有愁烦。加增知识的，就加增忧伤。）

055
一切都好，只是对一切都有点生气

Kid,

Don't worry alright just a bit of being angry about everything ever adore you want to kiss your big nose.

ARIEL

大意：

孩子，

　　别担心，一切都好，只是对一切都有点生气。永远喜欢你，想要吻你的大鼻子。

爱丽儿

056
到车站等你

　　沪杭甬线上行车京闸联运快车十二点廿五分上海到

　　京沪线上行车京闸联运快车三点正上海开

　　十足耽搁两小时

　　我预备十一点半出来，吃过一点物事就到车站等你（作兴是你等我）

　　在高兴地盼着！

朱

057
寂寞的人是不应该找人说话的

宋：

　　下星期日（八月二十五日）我到常熟来，好不好快回答我。

　　今天玩得很经济而实惠。上午往北四川路跑旧书店，第一家找到了一本 Dickens: *Oliver Twist*（狄更斯的《雾都孤儿》）（有插图），一本 Jane Austin : *Pride and Prejudice*（简·奥斯汀的《傲慢与偏见》），要价二元三角，我还一块钱，他摇摇头把书插到架子上去了，我对这两本书并无怎样热情，因此也扬长而去。他们在收买的时候，这一类非教科用的书简直看得连废纸不如。讨价一块两块的书，买进来不过一角两角。其实在提篮桥俄国人那里，一角钱也照样能买到很好的书。上星期五我去买得的一本 Hawthone : *House of the Seven Gables*（霍桑的《带有七个尖角阁的房子》），印刷纸张都很好，插图也精美，如果在那个书商手里，至少也要六角钱才能让你拿到手。第二家无所得。第三家找到一本 Oxford Pocket Classic（牛津袖珍经典）本的英国小品文选，他要三角大洋，索价不算太高，我还价两角小洋，又加至三角小洋，因为他说一定没有还价，我也弃之而去。第四家找到一本 Daudet：*Sapho*（都德的《萨福》）和一本拿破仑传，前者讨价四角大洋，我还四角小洋，就买成功了，后者未买。出来在一家饮冰室坐下，两角小洋的冰淇淋，分量多得令人吓了一跳。下午两角钱看了一本歌舞影片，我对于老是那一套的歌舞片子并无多大兴趣，但如有 Ruby Keeler（茹碧·凯勒，一位电影演员）在里面的总不自禁地要去看一下。她并不是一个了不得的演员，但确是一个 darling，在我的味觉上觉得银幕上没有比她更甜的人，尤其是她说话的音调，孩子气得可爱而异常悦耳。

一个人的趣味要变化起来真没办法，现在我简直不要看诗。大概一个人少年时是诗人，中年时是小说家，老年时是散文家，这并不指一定有所写作的而言。

我算是死了心，你肯不肯给信我都随你便，寂寞的人是不应该找人说话的。祝好。

猪八戒　十八

爱到深处：
一个浪漫的人，
笑与眼泪是随身的法宝

Valentine

在信中，朱生豪无话不谈，
畅聊人生、倾诉思念之情、
切磋诗词、交流喜怒哀乐、
相互鼓励、翻译莎剧……
贯穿始终的主线是对宋清如无限的思念和爱慕。

058
莎翁悲剧中最残酷的一本

昨夜读莎士比亚，翻到的是 *Titus Andronicus*（《泰特斯·安德洛尼克斯》），这是莎翁悲剧中最残酷的一本，这故事是《莎氏乐府本事》上所没有的，因此可以讲一讲。

Titus A.是罗马大将，出征Goth（哥特，欧洲古国名）人，凯旋回来，他有许多儿子，都在各次的战役中阵亡，生还者仅四人耳。是时也，罗马皇帝新丧，二子Saturninus和Bassianus争夺皇位，因为Titus功高望重，请他决定谁应为皇，他因为Saturninus是长子，就宣布他是罗马皇帝，后者感激之余，要求娶他的女儿Lavinia为后，可是当Titus献上俘虏的时候，Saturninus一见了被俘的Goth王后Tamora，便着了迷了。Lavinia，Titus的女儿，原来是皇弟Bassianus的恋人，后者看见Titus把她许嫁给他的哥哥，便当众宣布她应属于他，而把她夺走了。Titus大为气愤，想去追夺回来，但他的儿子们都同情于这一对恋人，而拦阻他们父亲的追赶，老头子因为自己的儿子也背叛他，便把一个儿子杀了。

Saturninus皇位已到手，便翻了脸，说不要Lavinia了，并辱骂

Titus，宣布以被俘的 Goth 王后 Tamora 为自己的皇后，后者是一个淫毒险恶的妇人，因为 Titus 曾杀她的长子以祭他的阵亡诸子，怀恨在心，佯劝 Saturninus 宽恕他，表面上言归于好，而暗中计划她仇家之颠覆。

一切的阴谋都由 Tamora 和她的情人 Aaron，一个奸恶的黑人，计划发动着。大婚的次日，Titus 请皇帝和 Bassianus 诸人出猎，Tamora 乘机和她的黑人在林中幽会，被 Bassianus 和 Lavinia 所撞见，把她冷嘲热骂了一阵，而 Aaron 却溜了出去叫 Tamora 的二子来救他们的母亲，Tamora 看见了她的儿子，便说那两人把她诱到这座冷僻无人的荒林里来谋杀她，二子听说便把 Bassianus 杀了，Lavinia 则因为他们早已垂涎她的美色，被二人拖去强奸，那母亲对她的儿子们说："你们越把她干得痛快我越快活。"

Bassianus 的尸身被扔在一个预先掘好的坑穴中，上面用草覆盖，看不出来。时在黄昏之际，黑人 Aaron 把 Titus 的两个儿子引到林中，二人都跌落坑中，发现了那尸身，非常惊骇。斯时 Saturninus 以及大队人因找寻失踪的 Bassianus 到此，看见了坑中的二人和尸体，便断定他们是杀人的凶手，不管老 Titus 怎样辩白声说，终于判处了他们的死刑。

Lavinia 受了侮辱之后，被那两个恶徒割去了两手和舌头，丢弃在荒野里，被她的叔父所遇见，同了回家，大家的悲伤、忿恨、痛哭、怨怒，都不必说，但无由探知下此毒手者的姓名。Aaron 矫诏来说，Titus，或他的兄弟 Marcus，或他的仅余的一子 Lucius，肯斫去了一只手献给皇上，便可救赎他两个儿子的一死，他们三人争着各要斫自己的手，终于 Titus 用计赚了他们，把自己的手斫下来了。这是

Aaron要的活儿，他回去告诉了Tamora，二人快活得笑出眼泪来。

使者捧着二子的头和Titus的手还给他们，Titus明白上了当，便立誓复仇，命他的儿子Lucius到Goth人那里去借兵。自己则佯狂装疯，同时探悉了戕害Lavinia的凶手。Tamora和Aaron奸通的结果，生了一个孩子，是黑种，Aaron把那孩子挟逃到Goth人那里，被Lucius所执。

Lucius率领Goth人大举进攻，Saturninus着了慌，预备议和。Tamora因为知道Titus已气疯，便扮作复仇女神的样子到他那里去，叫他把他的儿子召来，她可以替他杀尽仇人。Titus假装痴呆答应了，但说她的两个从者（一个的名字是"谋杀"，一个的名字是"奸淫"），实即她的两个恶子，应当留在他家里，她也答应了，他便叫人去召唤Lucius来，Tamora走了之后，他预先伏下的人就把她的二子杀了。

Saturninus，Tamora和家臣驾临Titus的府邸，和Lucius议和，在筵席之上，Titus亲自扮作厨子的样子，伺候进菜。他把他的女儿拖到众人的面前，声说她已被奸人所污，并且被他们弄成残废，因为不忍让她如此蒙羞而生，便亲手把她杀死了，Saturninus惊骇之余，追问谁是贼害她的人，他便戟指着Tamora说，"你现在所吃的，便是害了我女儿的你自己儿子的肉"，就在说话的时候把那妇人也刺死了。Saturninus一见他杀了他的妻子，便杀死了Titus，Lucius一见他的父亲被杀，也把Saturninus杀死。在群众的鼓噪中，他当众申述了一切，并且把Aaron提出，叫他招认一切的罪恶，无主的罗马，于是便拥戴Lucius为皇。

剧中把一片血腥气渲染得很厉害，但无论就文辞或性格的描写而看，这本戏确乎不能说是莎翁的杰作，第一个缺点是太不近人情，第二个缺点是剧中人物缺少独特的性格。但力量与气魄的雄伟仍然显示出莎翁的特色。

我最喜爱的两篇莎翁剧本是《暴风雨》和《仲夏夜之梦》，那里面轻盈飘渺的梦想真是太美丽了。《仲夏夜之梦》的影片最近将于上海上映，由德国舞台巨匠 Rhein Hardt（赖因哈特，德国著名导演）导演，配上 Mendelssohn（门德尔松，德国著名作曲家）的音乐，很令人心向往之，可是戏院方面居奇，平时六角的座价要涨至一块五角，这样穷干的日子只好暂时省省了。官方消息，这月内薪水已无希望，ta ta ta。

我待你好。

059
如果世上什么人都没有，只有你多好

看完了一本《我与文学》，读了一些 Wordsworth（华兹华斯，英国诗人）的诗，只是赶着一个一个字念下去，什么意味都茫然，一切寂寞得很。

研究文学这四个字很可笑，一切的文学理论也全是多事，我以为能和文学发生关系的，只有两种人，一种是创作者，一种是欣赏者，无所谓研究。没有生活经验，便没有作品，在大学里念文学史文学批评某国文学什么什么作法之类的人，都是最没有希望的人，如果考据版本校勘错字或者营稗贩业于文坛之流的都足以称为文学者，或作家，那么莎士比亚、高尔基将称为什么呢？

因为你说过你对于风有好感的话，我希望你能熟读雪莱的《西风歌》，那不也是如同"听见我们自己的呼声"一样吗？

IV

If I were a dead leaf thou mightest bear;

If I were a swift cloud to fly with thee;

A wave to pant beneath thy power, and share

The impulse of thy strength, only less free

Than thou, O uncontrollable! If even

I were as in my boyhood, and could be

The comrade of thy wanderings over heaven,

As then, when to outstrip thy skiey speed

Scarce seemed a vision ; I would never have striven

As thus with thee in prayer in my sore need,

Oh! Lift me as a wave, a leaf, a cloud !

I fall upon the thorns of life! I bleed!

A heavy weight of hours has chained and bowed

One too like thee: tameless, and swift, and proud.

若使我是片你能吹动的枯叶，

若使我是朵与你同飞的流云；

一丝在你威力下喘息着，分有

你浩然之气的波浪，只赶不上

你的自由，啊，不可拘束的大力！

甚至于若使我还在我的稚年，

能做你在天上漫游的侣伴，

以为能跑得比你在天上的

遨游还快，我决不会这样感到

痛切的需要，向你努力祷告：

吹我起来吧，像一丝浪，一片叶，一朵云！

我坠在人生的荆棘上！我流着血！

时光的重担锁住且压着一个

太像你的人：难训，轻捷，而骄傲！

（略改梁遇春译文）

因为要找一本书，在藤篮里拿出了那本 *Modern Short Stories*
（《现代短篇小说》），这上面留着你可贵的手泽，有你给包上去的包
书纸，其实当初我把它借给你时，应该叫你尽量地在它上面乱涂的，
那现在翻起来，一定非常有意味。我以为书本子上确应该乱涂，这
是一种很好的习惯，将来偶然翻看，足以引起会心的微笑。买一本
新书送人，实在远不及把自己看过的旧书，上面留着自己的手迹的，
送人来得更为多情。

当初在之江最后两天的恋别，印象太深刻了，至今追忆起来，还是摧人肺腑，眼睁睁看你去了，灵魂上留着一片空虚，人真像死了一样。实在我不能相信我们友谊的历史还只有三年许，似乎我每次见了你五分钟便别了你一百年似的。

如果世上什么人都没有，只有你，多么好。不，我说，世界如果只有平凉村那么大，那多么好。

叹叹气结束了这封信，我愿你好，因为你是无比的好。

Xzptqrsmnnrrs 9/24

060
赠与你，这一束毋忘我

Forget-me-not（毋忘我）

古昔一对男女

走到这桥上，

说，"别忘记我！"

他们手中的蓝花，

无意跌进水中，

水边伤心地长起来的

是蓝色的毋忘我了。

撷了它，

表示相思之情。

远离的人，

记得王维的诗吗？

"红豆生南国，

南国的秋天是这样愁思着了；

红豆子是顶相思的，

多多的采哪！

多多的采哪！"

南国的春天是一样寂寞的，

赠与你，

这一束毋忘我吧！

清如：

这样的诗，算不算得诗究竟？近来颇想作诗，然Rhythm（韵律）的贫乏乃是生命中的根本问题，能做一个Poetaster（蹩脚诗人）也只是由于你的感叹，故Verse Libre（自由体诗）似更适宜于我。

你将要说"几天的假期，莫名其妙地过去了"。是不是？也许，"人有点疲乏。"

　　昨夜我是来到你的楼下叫你，叫法有点特别，我是这样叫着："宋！—清！—如如如！"楼上有人说快来了，你也答应我就下来，然而等着叫着，我却无可奈何地醒了，这样的调排人，悲哀得很。

　　忽然记起了许多近来做过的忘却的梦。昨夜也做过无数的梦，其中有一个是"激于正义"的梦，学校逮捕了两个学生，也许是为着"思想"上的问题，总之是非常无理由的。其中一个女同学已嫁人，怀着孕并且在生病，幽在一所古寺里。学校召集全体同学开会，征询全体对于他们的意见，布告上说，"将于此会觇出每个学生思想的邪正，谁对他们说援助的话就是'卢布党'，同情于学校的才是稳健党"。所谓"卢布党"也是要逮捕的。我当时很想在开会时甘冒不韪，侃侃发言，但很快又做别个梦了。自己是自由思想者，对于法西斯派的抬头颇不愿意。

　　你可不可怜我常常做梦？梦里常常有你，但不大看见你，你又老不说话，大概因为一向你在我面前总是那样斯文的缘故。你怕不怕痒？胳胳……肢！

八日上午

061
明天又是星期天了

宋：

　　总之你不好

　　我爱你

　　我不快活，灰心，厌世，想钻到坟墓里抱死人睡觉。

　　想吃点什么，心里饿得慌。

　　几时我们一块儿青草地上放羊去。

　　你不待我好，我知道的。

　　明天又是星期了。上星期日整天看影戏，索性连中饭夜饭完全不吃，其实自己知道那天没有一张片子值得看的，因此目的并不在看戏，除了杀时间之外，完全是为的虐待自己，我完全不要看《泰山情侣》，但偏偏去看了，如果那真也能像《爱斯基摩》一样给我意外的惊喜，那我一定要大大地失望了，幸而好，真是一张荒谬不通讲不到电影艺术的东西，耐心着看完了出来，很满意，因为我抵庄着看坏片子，不虚此行了。一般人大概都与我有同病，因此这片打破了卖座纪录，从来不看电影的人也要看它一看，因为他们不曾看过电影，因此这一张在他们所看过的电影中间自然是顶好的一张了。

朱朱

062
你的信很使我肚皮饿

宋家姊姊：

真的，不瞒你说，你的信很使我肚皮饿。

发奉

《国际关系论》一部

定价三元八角五折实洋一元九角

尊客台照

平淡得乏味，你总不肯跟我吵吵架儿。连烦恼都没有寻处，简直活不了。

祝你不安静。

小巫　十五

063
以寄信作为跑出去的理由

好友：

　　要是我在忧虑些什么，或是悲伤些什么，我一定不会像现在这样无聊。一点心事都没有，这使人生更为空虚。今天天闷热得有些可恨，我希望它再冷起来。上海连一个可以发呆的地方都没有，房间里显然不是发呆的适当的地方，发呆的时候我喜欢看水，可是我不喜欢看黄浦江。心里只想跑出去，可是无处可去，而且完全没有跑出去的理由，然而好像非跑出去不可，因此我写这信，以寄信作为跑出去的理由。

　　一年以前，情形比现在还好一些。我很奇怪人们能那样安心于生活，有的人其实情形比我更糟，然而他们能若无其事地一天一天活下去。他们能安心于无灵魂的工作，无娱乐的生活，安心于他们又难看又蠢愚庸俗的老婆，她们的肚皮是老是隆起着的，安心于他们那一群猪一样的小孩，它们恰正是诗人所歌咏的纯洁天真的反面，龌龊的身体里包着一颗生下来就卑劣的心，教育的结果使他们变得更笨更坏。他们能安心地每天看报，从华北局势看起一直看到天蟾舞台的广告，闲时听着无线电弹词播音为消遣，能每夜足足睡九小时，能欠五个月房租而不以为意，除自己外不爱任何人，也没有任何人爱他们，身体会一年年发胖起来，尽管市面的不景气。

朱儿 六夜

064
我近来对我的家很有好感

语云，秀色可餐，这是一句东方文明的话。东方人看见一个美人，就用眼睛和灵感去餐她的秀色。而且他们不单是餐人的秀色，还要餐山水的秀色，餐花草的秀色，餐文章诗词图画的秀色！他们餐着这种无实感的东西，就像我们的祖先在祭祀时只吞些酒食的蒸汽一样。我是连茶香酒味都不能领略的人，人家如款我以秀色，我将敬谢不敏，有时我对你说的我要吃了你，那是从头到脚连衣服鞋袜一起在内整个儿的把你吞下肚里去的意思，是非常野蛮的馋欲，你会不会吓得哭起来了呢？

我知道你未必肯到我家里来玩玩，不过我很希望几时有便你能来一次。我近来对我的家很有好感。自从初小毕业之后，我因走读方便之故就寄住在姑妈家里，从高小到中学几年，大半时间都在姑妈家。

我不大喜欢她家，因为她家在城内，房子不很大，因人多很有些挤，而且进出的人很热闹，我老是躲在楼上。高小一毕业，我便变成孤儿了，因此一生中最幸福的时间，便是在自己家内过的最初几个年头。

我家在店门前的街道很不漂亮，那全然是乡下人的市集，补救这缺点的幸亏门前临着一条小河（通向南湖和运河），常常可以望那些乡下人上城下乡的船只，当采桑时我们每喜成天在河边数着一天有多少只桑叶船摇过。也有渔船，是往南湖捉鱼虾蟹类去的，一只只黑羽的捉鱼的水老鸦齐整整地分列在两旁，有时有成群鸭子放过。也有往南湖去的游船，船内有卖弄风情的船娘。进香时节，则很大的香船有时也停在我们的河埠前。也有当当敲着小锣的寄信载客的脚划船，每天早晨，便有人在街上喊着"王店开船"。也有载着货色的大舢板船，载着大批的油、席子、炭等等的东西。一到朔望烧香或迎神赛会的节期，则门前拥挤得不堪，店堂内挤满了人。乡下老婆婆和娘娘们都头上插着花打扮着出来谈媳妇讲家常，有时也要到我家来喝杯茶。

往年是常有瓜果之类从乡下送来的。但我的家里终年是很静的，因为前门有一爿店，后门住着人家，居在中心，把门关起来，可以听不到一点点市廛的声音。我家全部面积，房屋和庭院各占一半，因此空气真是非常好，有一个爽朗的庭心，和两个较大的园，几个小天井，前后门都有小河通着南湖，就是走到南湖边上也只有一箭之遥。想起来，曾有过怎样的记忆呵。前院中的大柿树每年产额最高记录曾在一千只以上，因为太高采不着给鸟雀吃了的也不知多少，看着红起来了时，便忙着采烘，可是我已五六年不曾吃到自己园中的柿子了。有几株柑树，所产的柑子虽酸却鲜美，枇杷就太酸不能吃。桂花树下，石榴树下，我们都曾替死了的蟋蟀蜻蜓叫哥哥们做着坟。后园的门是长关的，那里是后门租户人家的世界，有时种些南瓜大豆青菜玉蜀黍之类。后园的井中曾死过人，禁用了多年，但近来有时也汲用着，不过乘着高兴而已，因为水是有店役给我们在河里挑起来的。有时在想像中觉得我的家简直有如在童话中一般可爱，虽然实际一到家，也只有颓丧之感，唤不起一点兴奋来。

我姑母家就不然，喧噪代替了冷静，城市人的轻浮代替了乡下人的诚朴，天天不断着牌声。谈起姑妈家的情形，也很是一幕有趣的包罗万象的大家庭的悲喜剧。姑夫是早死了，我不曾见过面，他家是历世书香，祖上做过官府，姑夫的老太爷（我曾见过面）当年也是社会闻人，在维新和革命后地方上也尽过些力，就是嘉兴有黄包车他也是最初发起的一个。他有一个相貌像老佛似的大太太，前几年八十多岁死了，和一个从天津娶来的姨太太（现还在着），倒是很勤苦的一个。

大太太生了七个孩子，四、六早殇，姨太太无出。我姑夫居长，也是个短命的，他的两女一儿，我的大表姐嫁在一家富商人家，很发福，但也很辛苦，养了六个男女孩子。表哥因当年偷跑出来在陈英士手下当学生军，便和军队发生了关系，后来学了军医。曾有一时在家闲着作名士，那时他天天发牢骚，带着我上茶馆跑夜路，那种生活想起来也很有趣。后来在冯玉祥吴佩孚军中，辗转两湖西北中原各地，此刻也有了上校衔头，在汉口娶的妻是基督徒，生了儿子叫雅谷。第二个表姐也三十六七岁了，没有嫁人，姑母很着急，但我看来不嫁人也没什么关系，此刻就嫁出去也不见会嫁得着如意郎君，左右替人当当家管管孩子，有什么意思？她自己恨的是早年失学，不能自己谋生，但实在人很能干。

姑夫的第二个兄弟也不长寿，他的寡妇是一位很随随便便的太太，生活十分清贫，但有些自得其乐。儿子存着二个，大的跟叔父在四川，从不寄一个钱回来给母亲，小的在家乡米店里当伙计，吃苦耐劳，克勤克俭，把每月五六块钱工资换米来养娘，大家都称赞他。三老爷在四川做了半世穷官，殁殁他乡，身后萧条。老五是个全福之人，也在四川，当电报局长，颇有积蓄，夫妻健在，儿女无缺，儿子在北大读书，是很阔的大少爷。老七是个落魄汉，不事生产，在家乡别居着，因为文才尚可，写得一笔秀丽的字，替人写写状子，报馆里做做访员。常常衣不蔽体，履穿踵决，有时到家里去敲敲竹杠，寻寻相骂，鸦片瘾很深，牢监也坐过，女儿已卖了。我猜想在中国这种家庭也不少。

今天你还没有信来，别的没有什么，我不知你究竟人好不好？很是挂心，使我不能安定。祝福你！无限的依恋。

廿

065
灵魂安息了

宋：

今天看了一张影戏，故事很有趣。主演者是一个英国的才子，小说家，戏曲家，舞台剧人，音乐家，而今又是电影明星的 Noel Coward，他扮一个风流自赏的出版家，许多女人都为他颠倒，但是他把她们全不放在心上，高兴时便爱爱，不高兴时便给她们一个不理睬。女主角是一个年轻纯洁的女诗人，她弃了她原先的爱人而爱他，但他遇见了一个女音乐家之后，便把她冷淡了，她的眼泪和哀求只得到轻蔑的回答。他坐了飞机去追求他的新爱人，那个被弃的女郎咒他从飞机上跌下来跌死，死后没一个人哀悼他。这咒语果然实现，飞机出了事，乘客全部在海里送命。他的死讯传出以后，大家听见了都笑笑，没一个人哀悼他。然而一天晚上，他的同事在他的办公室内发现了他，神色异乎寻常。原来这是他的鬼，因为人死了之后，如果没人为他洒一点泪，鬼魂便将永远彷徨，得不到安静，因此他要回来找寻他的旧爱人，乞求她的饶恕。这个鬼于是在各地不停地出现着，最后被他访到了她的居处，她正在看护她的自己毁弃了前途，贫病交迫的原先的爱人，后者一看见他的情敌进来，便向他连放了数枪，而自己自杀了，可是那鬼仍站着不动，他知道要求她饶恕是不可能了，只好接受永久的谴罚，而祷告上帝使这一对爱人能再得到平和和幸福。这样祷告之后，那个自杀者便醒了转来，身上的枪痕也没有了。女郎感动之下，他便得到了饶恕，而灵魂安息了。

当出版家的同事发现出版家的座位上遗留着一把海草（溺水鬼的标记），惊惶地向后者追问的时候，那鬼便威吓他出去，在夜色昏暗中只见两个人的影子，狂风吹开了窗，鬼奔出去。海景，波涛汹涌，一具溺毙的尸身在水中荡着荡着，海面上有一圈白光，空中有一个声音，说"可怜的马莱，你死了，没有一个朋友，谁也不为你伤心，这是你轻薄的报应，你的灵魂将永远得不到安宁，你所需要的是别人的一点眼泪……"。很有趣。

星期五

到知味观吃了一碗片儿川，味道很亲切，因为是在西爽斋吃惯了的。杭州面比苏州面好吃。

星期日

家里去没有意思，不要去好了。

你哭我可不哭，丽娟（一个小女孩）说我，这人老是笑。

我爱你，好不好？你叫我心疼。

第格多

066
女人的逻辑都是那么滑稽的

澄儿：

我很气，因为昨天看《玫瑰红如此》的电影，我认为这是近年来稀有的一本精湛之作，但今天报纸上却说是全维多去年导演的三部作品中较逊色的一部，我不知道是我错还是他们错。《我们每天的面包》sorry我没有看，但《新婚之夜》我是看过的，那不过是一本较一般美国电影较优美的作品，却万及不上《玫瑰红如此》。《玫瑰红如此》里面演员的演技固然也不错，但最好的是描写的细腻和空气的渲染，摄影的美尤令人神往，至于情绪的浓郁□勃，就像喝了一杯葡萄汁一样，较之出气的啤酒是不可同日而语的。但他们说是"较为逊色"，也许我不懂电影。

昨天又接着到光陆去看《阿伯杜尔那"天杀的"》，光陆一向和国泰是最富于绅士气的影院，那里看客中国人只占一小部分，最近自从大大削价以后，连婆婆妈妈都进去看了，看见银幕上映出一个白白胖胖的小孩，台下便哄然笑起来，外国绅士太太们一定要头痛，不过总之很令人觉得有趣。一个typical（典型的）的Chinese man带了几位女眷过来，她们让他坐在中间，叫他讲给她们听，我因为怕烦，连忙赶到更前排的空位上去坐了。其实这片子不很容易看，我担心那位先生讲不上来，因为这是张很"技术的"影片，不够趣味。（以上译名都是我的杜译，《玫瑰红如此》即《铁蹄情泪》；《我们每天的面包》即《生活》，在苏联得奖列名《渔光曲》之前的；《新婚之夜》即《洞房花烛夜》；《阿伯杜尔那"天杀的"》即《土宫秘密》，土是土耳其。）

昨天没有吃夜饭，以糖代替，今晨也没有吃早粥，也以糖代替。

星期六晚上在陈尧圣家吃夜饭，因为他请吴大姐和她的fiancé（未婚夫）客，我去作陪客。唯一的感想是菜蔬坏极了，我只喝了一杯酒，因为酒买得很少。这位老姐不但就要作妻子，并且就要去作现成的母亲了，我真不懂独立自由的生活有什么不好，不过大多数的女人心理都不和我一样。席终客去之后，老胖和赵梓芳问我"你究竟和吴大姐有没有甚么关系？"我不知道这问题有什么意思，谁都知道我曾和她做过朋友，如果她高兴，那么现在也仍然是朋友，但是陈太太可不肯相信，她说"如果有关系，那么你怎么会请她来呢？你又怎么会来呢？而且一个年纪这么大，一个年纪这么小，难道三十岁的女人嫁给廿四岁的男人吗？"我只笑笑，女人的逻辑都是那么滑稽的。

今天晚上再给你写信，Good—bye for a while！

伊凡诺微支叔父　六日

067
谢天谢地，我又找到了四分邮票

昨夜我被警察捉了，因为我的手背上刺着 V.T. 二字，据说那是某流氓秘密党的暗记，因此要被处极刑（他们说这极刑两字是用英文 S？？？？？？ S——ment，字典上并无此字，但相当于 Capital punishment），我告诉他们这两字是我弟弟的名字 Victor Tsu，但是糟糕，干吗不刺自己的名字呢？于是坐监牢，请律师，等待着上断头台。关于断头台我曾读过法国大革命史，因此有许多联想。又最近读过《文学季刊》上杜斯退益夫斯基的小说，死刑最残酷的地方不是在受刑之时，而在牵赴刑场至就刑的中间一段时期，那时罪犯经历所有恐怖的苦难。想着这一段描写，我有些惴惴了，然而也有些期望着头和身体分离的一刹那间那清凉的快感。于是……

谢天谢地，我又找到了四分邮票。

我希望做战争的梦，杀人的梦，那种不容易在现实生活中遇到的紧张。

P.S.《英宫艳史》里那位……夫人伸长了美丽的玉颈上断头台，说，"多么好的天气！"很动人。"Jew Süss（德国影片，译名为《一个犹太人的故事》)"中的 Conrad Veidt 也上断头台，那是被详细地描写了的，一颗头盛在笼子里落泪，逼得人不能透气。《云台春锁》里 Fredric □上过绞刑，两脚悬在半空中。老弟，我们到东安市场看杀头去！

068
我的感想

宋：

薪水大概是后天发，今晚寄出了给你的信，邮花还剩最后的一个，身边还余四角大洋，买了三角大洋糖回来，留着一角钱明天用。买糖的时候有了一个感想，因此回来又写信。糖店里那个小弟弟因为我是老主顾，一见我便笑嘻嘻招呼，这使我很难为情，觉得我比他更小。叫他板了脸孔才好。有时我为了怕他的笑嘻嘻，特意赶到较远的店里去买。——这个便是我的感想。

偶然抬起头来看见月亮，觉得她并不比那一盏大的白的灯更可爱一些，大概她老了，又住在上海，很寂寞，甚至于没有糖吃。

宋，我待你好。

八日夜

069
酣睡一千年

来词结句最胜迟君一二年当成名家矣鳏生心力已竭无能奉和张荃来书诘予谓君近来既不作诗词乃何所致力愿得闻之殊咄咄逼人令人出汗世事增人倦怠耳会当酣睡一千年

070
谱小曲一首，不知入不入调

清如：

　　我想沉默，我想把自己弄得非常寂寞。

　　愿你好，几时上学？

　　谱小曲一首，不知入不入调。

　　读《道连格雷的画像》，我想我一点不欢喜那本书，我们的兴味不一定相同。

一个乞丐向我说，小开老板，谢谢侬，交关发财！

朱生

给我的洋片儿简直是侮辱，谁要看这种女人面孔，虽然我并不讨厌看女人。

071
我想要梦见你却梦不见

好朋友：

昨夜过了多梦的一夜，下午两点钟从街上回来，吃了两只汕头蜜桔，两包 *sweetkiss milk nut chocolate*（甜吻牌牛奶果仁巧克力），看了一回 *Shanghai Sunday Times*（《上海星期日时报》），便脱衣服睡在被中看 Maupassant（莫泊桑，法国小说家）（新近买了一本 Maupassant 短篇小说全集，一块金洋，mex.\$3.00，共二百二十二篇，每篇约值铜元四枚）。夜饭一个人吃了，继续看小说，看倦了熄灯，于是开始做梦。

梦大概和小说有点关系，遇到了一个从前在之江很 social（社交很广的）的女同学，我说，"Madame，我们都老了，你却比从前更 charming（有魅力）"，又遇见一个眼镜西装的姓周的同学（醒来之后却觉得像是郁郁星），牙齿尽变黄色，因为吃香烟之故，他一边说话一边把一支支香烟送进嘴里嚼。这么的几个梦之后，醒来忽然很sentimental（感伤），哭了起来，觉得很寂寞很悲哀，因为我想要梦见你却梦不见。我决定你是离弃我了，我说我将凭借什么而生存呢？一切的missing（失落），和渺小，卑抑，屈辱之感压迫着我，伤心地又睡着了。

这回梦见墙上挂着的那些照片一张张落了下来，又是满床都是各式各样的虫子。在困扰中往后便作了一些只有感觉而没有印象的梦，我知道我在梦魇了，像要闷死了的样子，拼命把头往上挪，终于挣扎着醒来，可是过了一会又来了，这回拼命地把按在胸前的手移开，似乎是在移别人的手，又醒过来了，这样继续了一些时候，才真的完全清醒过来，觉得很平静，在天亮顷的时候，得到一些真的休息。

我更看不起今年的耶诞节，较之历年的耶诞节，现在还要说什么Glory to heaven，peace and good will on earth（光荣归于上天，和平和善行降于尘世），岂不无聊，什么青年会之类，又要分送糖果给苦小孩子了，所有的基督徒们都要变得很慈善。

虽然中国总归没有希望，但如此时突然宣布停止反共，和苏维埃联邦共和国缔结攻守同盟，政府明白表示反日，那时当然不但日本要红脸孔，欧美也要暴跳起来，自然中国要受到更大的联合阵线的威胁，但无论如何将是一件大快人心的事。这样伸伸缩缩地苟安着才叫人闷死。

072
人生顶无味就是有一个家

清如:

今天我一天没有吃饭,早晨吃了一碗粥,中午吃了一碗面,晚上吃了一包饼干。早上就游魂似的飘到外面去了,在大光明做了一顿礼拜,出来后知味观里吃了汤面。马路上吊儿郎当一下子,下午了,看了一张中国片子,应云卫的《时势英雄》,有意义的问题剧。技术上也很满意,尤其一个意外的惊人发现是尚冠武的演技,这个无藉藉名的演员,在这片子中显示出是现在中国电影界中第一个 *Character player*(个性演员),他的演技大体上已臻于炉火纯青的境界,不似一向那么好人总是这么一个型,坏人总是那么一个型的。他和《桃花扇》中的胡萍该是今年国产电影中最可称道的收获。

跨出了金城戏院的门,对过的丽都在映 *Becky Sharp*,这一张 New Technicolour(新彩色电影)的彩色长片是已经看过了的,而且看得似乎并非十分满意,但因为不愿意回家,便又糊里糊涂地去买了票。第二回看的时候比第一回看的好像好得多,第一回看的时候因注意其故事的发展,有许多"技术的"地方都不曾看到,对话也有许多地方不曾听清爽，为着外景的缺乏，色彩的过饱，曾很感到有些沉闷，但今天看时就有趣得多了。

故事是根据Thackerey（萨克雷，英国小说家）的名著*Vanity Fair*（《名利场》）的，虽然未必怎样尽忠于原著，但原来的讽刺冷酷的精神是很被保存的。确实这是一本入木三分的辛辣的Sophisticated（深奥的）的悲喜剧，过于纯洁天真的人或者不喜欢，但对于世故懂得多的人，是不能不颔首的。女主角Miriam Hopkins的优越的演技在第一回看的时候已不禁赞美，这回使印象上更益深刻一些。至于这种新的清丽的色彩，无论如何是不能不对之表示满意的，虽然要是它将来果真取黑白片而代之，如现在有声驱除了无声一样，也将是一种损失。因为黑白片自有它应当存在的价值。

回来到了窠里，很悲哀。人生顶无味就是有一个家，当然这里的亭子间算不得我的家，但为什么我天天要回到这里来呢？顶没有趣味的是跟他们一块儿吃饭，唉，我真愿意一个人独自儿吃饭，什么时候吃，吃些什么都随自己便，吃到末一碗饭（我一个人吃起饭来可以吃三碗，跟人家一起吃只能吃两碗）便把饭倒在菜里拌着吃，连饭连菜连汤一起吃光，多么有意思。

你不知道跟这些老爷太太公子小姐们吃饭是多么荣幸得不舒服，照例新鲜烧起来的较好的菜都摆在少爷小姐面前，即使不这样摆，他们会自己搬掉过去的。这且由他，更坏的每吃一顿饭，兄妹俩总得吵架儿，有时用脚踢，有时打起来，至少有三次之多，如果母亲骂了一句，便大哭起来离席而去，照例是跑到厨房间里告诉姨娘说姆妈骂我。于是就得拿了饭挟了菜在厨房里赌着气，一个人吃饭了。

他们把孩子太惯纵了，当然管束得太严，把小孩弄得服服贴贴毫无活气也是不对，但也不应当把他们养得非常骄傲。那个五岁的女孩儿是太懂事了，他父亲常说大起来给她做电影明星。

再说，愿你好。

朱生豪

073
理想的乌托邦总不能实现于世上

清如：

　　昨天我看了一本一个美国新闻记者论苏联的书，其中多说苏联的坏话，虽然"也许"是一种反宣传，但我相信他所说的并非全是诳话。因为我们自己也能想像得到，在那里个人的言论和行动的自由，即使不是完全被剥夺，多少是被轻视了的，在革命时期中，相当残酷的事也不免要发生，况且社会主义的"道德"原来和人道主义的妇人之仁并不一致。在那里的人民生活，当然是很刻苦的，尤其比较起物质文明的美国来。因此在一个过惯安适生活，极端尊重个人自由的美国人眼中，不免要出怨言，这无宁是当然的事。事实上理想的乌托邦总不能实现于世上，无论任何一种新制度都决不能使人人满意，即使全世界都实行了社会主义以后，也决不会世界从此美满了，仍然会有一种新的主义要来代替它的，或者是一种改进，或者是一种破坏。个人平时对于赞美苏联的人，除了趋趋时髦的人之外，其真心的崇拜它者，都觉得他们是心地十分纯洁，而不免有些幼稚和夸大狂。但对于非难苏联，诋毁它的人，却感到他们的无耻。

不是有意要跟你冲突，但你论科学的话实不能使我心服，所谓迷信和科学，截然是不能走拢的两件事，如果人迷信了科学，那么他所迷信的科学便不成其为科学。科学只是真理的探求者，并不是真理的自身。至于科学方法，并非一定是绝对合理的方法，但确是比较合理的方法。请中医看病比之求仙方吃香炉灰是要合理一些，请西医看也要比请中医看合理一些。至于定律，是就不同的事物中找出共通的现象来，比如说，甲叶不等于乙叶，但其为叶则一，其根本构造并无不同。你不等于我，但我们有很多相等的地方，我们都是中国人，因此如说到中国人，我们都兼指在内。我们都是人类，因此如说到人类，我们以及斯大林大仲马茶花女和十七世纪的一个罗马僧侣都兼指在内。我们都是动物，因此如说到动物时，我们和小花猫苍蝇变形虫都兼指在内，以及等等。这全然是合理的区分，至少比之把墨水和宋清如归为一类，沙漠巧格力糖和朱朱归为一类要合理得多，因为前者是科学的。一加一等于二是一种常识，也许它并不便是真理，但如果我们把一这符号代替·，把二代替··，把三代替···，那么说·+·=··总比·+·=···合理一些，因为你总找不出这第三点的来源。你可以说，宋清如是一个人，朱生豪是一个人，宋清如加朱生豪等于四个人，这种玄学的说法，因为，a.宋，b.朱所认识的宋，

c.朱，d.宋所认识的朱。但如果a非即等于b，c非即等于d，那么原来就不能并作一个人说，应当说a+b+c+d=四个人，不应当说a+c=四个人，因为a中并不兼含a和b，宋清如的人格中并不兼有朱生豪所认识的宋清如的人格，如果他所认识的是对的，那么那只是她原来人格中的一部分，根本不是另一个人，如果他所认识的是错误的，那么那只是一个虚妄的幻象，并无实际的存在。当然我们应用1+1=2的方程式时，也需要相当的注意，一瓶红墨水加一瓶蓝墨水并不等于二瓶红墨水或二瓶蓝墨水，但谁也不能反对说那不等于二瓶墨水。

二个以上个性的相处，有各种不同的现象，也有以相同的个性而融洽的，也有以不同的个性而融洽的；也有以相同的个性而冲突的，也有以不同的个性而冲突的；这要看各个性的强弱和适应性而定，不能一口断定。而且就是冲突，也有各方面，有的是在思想方面冲突而行动方面一致，有的是在感情方面冲突而思想方面一致，有的……冲突可以滋长敌意，但有时反而激进爱情，融合可以使生活美满，但过分的调和又能使人疲倦。一切都是说不尽的。

要是我们住在一起，会不会发生冲突我不知道，实在我是不善于和人冲突的人，但我可以断定的是，到第二天你一定要见我头痛，同时我也要感到这生活不很惬意。不过我们如果同居一天，大概不至于有什么问题。

最近消息，汪精卫死。

本来想这星期日游天平山去，因又想去看业余剧人演果戈里名剧《巡按》而暂时作罢，预备下星期去。此地虽然时时有话剧演，但不三不四的居多，而且中国人自编的剧本总不高明。上次业余剧人演的《娜拉》据说很成功，不过我因为那剧本太熟了，而且戏剧效果也不甚高，而且我也没有时间，因此不曾去。

昨天去看欧洲名优Bergner主演的影片Escape me Never（《决不要离开我》影片名），一个"流浪小母亲"的故事，这位看上去有点孩子气的great actress（大明星）已经在《凯赛琳女皇》里领教过，她的演技不用说是非常好的，故事也不坏，但全片不能给人一个统一的好印象，比之《凯赛琳女皇》略有逊色。今天《晨报》苏凤的批评说"她在荡气回肠中催老了上海的秋色"，"秋天是更老了呢，满院子听见深深的叹息"，很诗意的笔调。昨天还是第一天演，我去看的是第二场，我坐在第六七排的地方，我的一排里连我只两个人，好片子大概不大有人看的，这几乎是个真理。

未完

十一月一日　朱

074
不向你愁穷

每天写半封信，总是写不下去，心里只有不安定，玩又没处玩，坐又坐不下，天，又是一下子便夜了。照例地街上溜达了一趟回来，吃了两包巧克力，等开夜饭，于是拼命读Shakespeare（莎士比亚），读到一点钟，睡下去，一宿无话，夜里即使做梦，只像闭了眼睛看影戏，理都不理会。明天早晨照例爬不起来，八点十分起床，穿衣洗面费十五分钟，吃粥五分钟，有时看半分钟报，于是到office去。早晨是太匆促了，可是吃过中饭，时间又太多，十二点半到一点半，这一个钟点除了看看报纸之外，别的简直无事可做，闲得慌。等到四点半出来，庆幸离星期又近了一天，然而摆在眼前的是无聊，尤其是天那么暗得快，使人感到日暮途穷。跑在外面是冷清清，住在家里又那个。

此间十一月份薪水自大职员以至于茶房每人各发大洋十元。不过这对我并无十分影响，因此不向你愁穷。昨天把二块钱买了一双套鞋，这使我有些肉痛，因为用钱买必需品，我总是不十分愿意。不过现在还有十一块钱在袋袋里，因此仍然很阔，比起别人来。

待好。

075
发现一些确乎可爱的诗句

今天你不曾望我吧？大概我的信总不至于不收到。

昨晚我到苏州，今天玩灵岩天平山，从早晨六点半出发，傍晚五点多回来，两山的顶上都去了。灵岩已去过，即不曾去过也无甚味道，天平比较好玩些，因为路难走，穿着皮鞋鼓勇上去，不敢相信还会走得下来，然而仍然走上去。在上海居二年余，平常一点点路都要贪便坐电车，很担心脚力不济，然而一试验之后，大为安慰，回来后一点不吃力。在苏州搭八点钟车回上海，此刻十一点半，完全不疲倦，觉得非给你写信不可。前天起微微有些牙痛，今天一跑已经跑好了。暂时有些回复了，像在之江时的那种心境，在慢车中读李金发的诗集《为幸福而歌》，觉得不是全无味道，回来的车子比去时的特别快车似乎快得多。

评《为幸福而歌》：李金发的诗，最大的毛病在乎不精练，缺少unity（一致性），只是一堆印象的随便的无组织的集合，再加以不可解，其实是不通的成分，使人不耐卒读，但真如细心读下去，也能发现一些确乎可爱的诗句，他有好的句子，有时有好的stanza（诗节），但绝难写出一首完整的好诗。

每当静寂的时候，我便欲抱头恸哭或低吟，但我忘却了美丽的歌儿，恸哭又觉羞怯，领羊的好人儿，切勿无礼于我，引我到山头去，露珠全湿我裙裾。……

——讴歌

这是模仿Song of Songs的。

……

——"你还记得否，说仅爱我一点？"——"时候不同了"，——"我们是人间不幸者"，——"也可以说啊"。声音更小了，喁喁地……惟夜色能懂之。

——墙角里

像 Verlaine（魏尔伦，法国诗人）的某首诗。

眼帘渐觉朦胧，怕不是炊烟散漫？吁，送点萧瑟之声来，游子失了归路！

——柏林 Tiergarten（动物园）

生命之河流上，缺点顾盼的时光，况拉手疾走，足音在远处筑然。

——Paroles（诺言）

如今重来，我们几不相识了，你虽老了一点，但闲懒的动作与疾徐的唱，我们是惯听的，再见！我将在远远处望望你，携手是不必了。

——海潮

呵孩子！何以有此痛哭，你觉得在怀抱里孤寂吗？

——多少疾苦的呻吟

你低唱里有断续的句：呵你是秘鲁的美人，生长在 Titiyamtataam Titikakasec（注：这几个外国字读起来甚有味）……那边一大树，树上一苹果，我非常愿意要……我们一齐去吧，那面牛乳与茶是美味，拥被同睡在指环里（注："指环"不解）…………不肖的媛媛儿阖眼睡吧，我既长大了你何以年轻，妈妈将留心你的饥渴………犬儿在月下吠了，呵倦怠的游行者，何不于日落之前赶到我家里……

——呵你是秘鲁的美人

记取我们简单的故事：你臂儿偶露着，我说这是雕塑的珍品，你羞赧着遮住了，给我一个斜视，我答你一个抱歉的微笑。空间静寂了好久，若不是我们两个，故事必不如此简单。

——记取我们简单的故事

……秋是我们的忠臣，他尽力保存我们之印象，与生命中应消失之最美满的一刻，他不嫌你衰老，同款步在落日里，他可给你一千句回答，如你怀想远地亲热之分离；……

——秋老

大神喊道：你如此年轻而疲乏之游行者，到何处去飘泊？没有一个山川的美丽，如兄妹般等候着你，没有一个生人，回复你亲密的点头，即流泉亦失望地向你逃遁。

——明星出现之歌

愿我们一天重见（千万莫叙离衷）。仍旧交付我浅绿的平浦，忠实的溪流，低唱重逢之曲。杨柳与槐无裙裾地随风喜跃，月儿将怪我性好漂流，复逃归故土了。可是我有话对他说：你只要交付我浅绿的平浦，忠实的溪流，低唱重逢之曲。

——偶然的Home-sick

爱情不过是一滴水，亦是回声的反响，水是易干的，回声随处消散；当夕阳西下天际，带着哀伤之色，牧童的羊群，颠沛着足在远处徐来，长林仅现微黑，夜儿带恐吓之气息来了，我求你同叹息此日不长在。

——我想到你

我宽宥你过于皇上的大赦，当你娇嗔过分等等时，我宽宥你像重复追问之人的不明白。

——我对你的态度

我待你好如同我的待你好一样。我希望不久来看你，我愿意被你杀死。

朱朱　十日夜

076
你撇得我冷清清的好苦

二姐：

为了拘泥文字的缘故，他们会把"for the simple reason that……"翻作"为了单纯的理由就是……地"，for=为了……地（因为这是adverbial phrase故用"地"字表明），simple=单纯的（凡adjective必须加"的"字），reason=理由，that则用"就是"表明，the却没有译出，其实应当再加上"这个"两字。简直叫人读了气死。"只是为了……的理由"岂不又明白又正确。最可笑的就是"地"字的胡用，譬如queenly作副词时，便会译作（应当说"被"译作）"女王地"，女王怎么"地"法呢？ microscopically便是"显微镜地"。for some mysterious reason便是"为了某种不可思议的理由地"。总之。

时间已很晏，不唠叨了，你不知道在什么地方，我不高兴再到梦里来找你了。总之你撇得我冷清清的好苦。

祝福你。

WATATA　卅夜

夜里很冷，你冷不冷？

天真冷，我想你衣服一定穿得很少，有没有冻坏呢？

卅一

077
请几天假

宋：

　　如果这星期内领不到钱，我索性到你考好的时候到之江来，你如高兴便多耽搁一天，我们一起玩一天，然后我陪你一起上火车回去，也许我到嘉兴转一转，索性请几天假，你看好不好？

　　今晚我给你写许多话。

078
我真想回家休息一年半载

姊、

你给我一些advice（劝告）。判决书已下，二月份起薪水大洋五十，心理上已实在没有再留恋这蹩脚饭碗的可能（我决不嫌不够用，尽管四十块钱一月都可以生活得不致过于局促，但这种腌臢气受不住，好像不解你雇还是皇恩浩荡似的。初进来时有七十多块一月，每况愈下，要是涎着脸不走，明年一定拿四十块钱一月），其实我也真想回家休息一年半载，可是我又有有家归不得的苦，姑母她们不能常住在我家里，弟弟在外边，我不好守着弟媳妇在一起，真是走投无路，怨尽怨绝。

无论如何，明年下半年一定得别寻主顾，我不愿在家乡做事，如果到杭州去，物是人非，也太令人不快活，我想竭力在苏州方面想想法看，就是四十一月也愿就，只要不再编那种骗杀人的字典。

明天下午准回家去，渴盼你的信，我寂寞得什么似的。

愿你快乐。

老弟弟　廿一夜

079
一个浪漫的人，笑与眼泪是随身的法宝

心里气得很，没有吃的，没有玩的，没有书看，没有歌唱，你又没有信给我，如何活得了！

希望希望，我能希望些什么？明天还不是跟今天一样？能够早些老去是幸福，只怕挨那挨不尽的寂寞。

今晚一定要痛哭一场。我不知道你真会不会哭，也许有时找不到哭的题材，但会哭的人是可爱的。不过不应当当人面前哭，要悄悄的哭，而且哭过了要哈哈笑。顶好口袋里塞满糖，一个人走到一处幽静的地方，坐下来想生世中一切曾经过的悲哀，以及将来的可能的悲哀，一直想到自己完全溶入悲哀之中，而哭了起来，然后突然收住泪立起来，把糖塞在口里，唱着歌一路回去。一个浪漫的人，笑与眼泪是随身的法宝，你如不会笑，至少还够不上浪漫。

我所知道的人家对你的批评是说你很"ㄅㄧㄚ"，这字写不出，只能以拼音代之。这也许更有侮辱的意味，我听了很无可如何。

古人有许多蠢处。莎士比亚写了一百几十首sonnets（十四行诗），其中一大半是为他所爱的一个男朋友而作，为英文中最有名的情诗。这事本没有什么反常，不过他说他希望他的朋友赶快结婚，好把美丽的种子传下去，说这种话，他完全是一个生物学家，而不像是个诗人。其实这些天才们傻的程度比我更甚。

星期日和人同去看《娜娜》，由左拉小说所改编的电影，俄国姑娘 Anna Sten（安娜·斯坦，俄国演员）的第一张片子。看了之后，很失望，因为本来是自然主义的名著，却完全变成了平凡的罗曼斯，导演手法上也没有特殊之点，安娜斯坦的演技虽不差，因剧本的不好（比较的说）也不曾留下多大的印象。罗曼斯的片子我只看过一张好的，那是 Garbo 的 *Queen Christina*（《克莉斯帝娜女王》，影片名），故事是说一个冰雪之国（瑞典）的女王，喜男装，好骑射，不愿结婚，憧憬着自由，因为对于一个西班牙使臣的缱绻，那是代表她对于南国的阳光与热情的渴慕，终于脱去王冠的桎梏，载着被杀的使臣的尸首，到那产葡萄的国土里去了。很够诗意的不是？这是嘉宝自己挑选的她祖国的故事，完全地代表了她的艺术的灵魂的。

080
你来，一定来，不要使我失望

好友：

在编辑室的火炉旁熏了这么半天，热得身上发痒。回到自己房间里，并不冷，可是有些发抖的样子。心里又气闷又寂寞，躺在床上淌了些泪，但不能哭个痛快。

家里等着我寄钱去补充兄弟的学费，可是薪水又发不出，存款现在恐怕不好抽，只好让他们自己去设法了。郑天然叫我代买两部佛典，一调查价钱要十块左右，实在没法子买给他。自己要买书也没钱，*War and Peace*（《战争与和平》）已经读完，此后的黄昏如何消磨又大成问题。写信又写不出新鲜的话儿，左右不过是我待你好你待我好的傻瓜话儿。除了咬啮着自己的心以外，简直是一条活路都没有。读了你的信，"也许不成功来上海"，这"也许"两个字是多加上去的。我知道最后的希望，最后的安慰也消失了。

人死了更无所谓幸不幸福，因为有感觉才能感到幸福或苦痛。如果死后而尚有感觉的话，那么死者抛舍了生者和生者失去了死者一定是同样不幸的。但人死后一切归于虚空，因此你如以他们得到永恒的宁静为幸福，这幸福显然他们自己是无法感觉到的。我并不是个生的讴歌者，但世上如尚有可恋的人或事物在，那么这生无论怎样痛苦也是可恋的。因此即使山海隔在我们中间，即使我们将绝无聚首的可能，但使我们一天活着，则希望总未断绝，我肯用地老天荒的忍耐期待着和你一秒钟的见面。

你记不记得我"怜君玉骨如雪洁，奈此烟霄宵零露溥"两句诗？这正和你说的"我不知道她们静静地躺在泥里是如何沉味"是同样的意思。这种话当然只是一种空想，现代的科学观已使人消失了对于死的怖惧，但同时也夺去了人们的安慰。在从前一个人死时可以相信将来会和他的所爱者在天上重聚，因此死即是永生，抱着这样的思想，他可以含笑而死。但在现在，人对于死是一点希望都没有的，痛苦的一生的代价，只是一切的幻灭而已，死顶多只是一种免罪，天堂的幸福不过是一种妄想，而失去的人是永远失去了的。

我第一次看见死是我的三岁的妹妹，其实不能说是看见，因为她死时是在半夜里，而且是那么突然的，大家以为她的病没有什么可怕的征象，乳母陪着她睡在隔房，母亲正陪着我们睡好了。忽然她异样地哭了起来，母亲过去看时，她手足发着痉挛，一会儿就死了。我们躲在被头里不敢做声，现在也记不起来那时的感觉是怎样的，后来她怎样穿着好抱下去放进棺材里直至抬了出去，我们都被禁止着不许看。

此后我也看见过几次亲戚邻居的死，但永不相信我的母亲也会死的。即使每次医生的摇头说没有希望了，我也总以为他们说的是诳话，因为这是无论如何不可能有的事。虽则亲眼看见她一天坏一天，但总以为她会好过来，而且好像很有把握似的。其实她早已神智丧失，常常不认识人了。问卦的结果，说是如能挨过廿九三十（阴历的十一月里），便无妨碍，那时当然大家是随便什么鬼话都肯相信的，廿九过去无事，大家捏了一把汗等待着三十那天，整个白天悠长地守完了，吃夜饭时大家分班看守着，我们正在楼下举筷的时候，楼上喊了起来，奔上去看时，她已经昏了过去，大家慌成一片，灌药掐人中点香望空磕头求天，我跪在床前握住她的手着急地喊着，她醒过来张眼望了我一望，头便歪了过去，断气了。满房间里的人都纵声哭了起来，我们都号啕着在楼板上打滚，被人拖了出去，好几天内都是哭得昏天黑地的。放进棺材之后，棺中内层的板一块块盖了上去，只露着一个面孔的时候，我们看见她脸上隐隐现出汗珠，还哭喊着希望她真的会活过来，如果那时她突然张眼坐了起来，我们也将以为自然而不希奇的事，但终于一切都像噩梦一般过去了。

此后死神便和我家结了缘，但总不能比这次的打击更大。这次把我的生命史完全划分了两半，如今想起来，好像我是从来不曾有过母亲有过童年似的，一切回忆起来都是那样辽远而渺茫。如果母亲此刻能从"无"的世界里回到"有"的世界里来，如果她看见我，也将不复能认识我，我们永远不能再联系在一起，因为过去的我已经跟她一同死去了。再过十年之后，我的年纪将比她更大，如果死后而真有另一世界存在，如果在另一世界中的人们仍旧会年长起来，变老起来，那么我死后将和她彼此不能认识；如果人在年轻时死去在那一世界中可以保持永久的青春的话，那么她将不敢再称我为她的儿子。

等到残酷的手一把人们分开，无论怎样的希望梦想，即使是最虔诚的宗教信仰，也是毫无用处了。愚蠢而自以为智慧的人以为既然生离死别是不可避免的事，不如把一切的感情看得淡些。他们不知道人生是赖感情维系着的，没有亲爱的人，活着也等于死一样。如果我在当时知道我母亲会死的话，在她活着的时候，我本来爱她十分也得爱她一百分一千分。因为我们和我们所爱的人终有一天会分手，因此在我们尚在一起的时候就得尽可能地相爱着，我们的爱虽不能延长至于永劫，但还可以扩大至于无穷。

苏曼殊这人比我更糊涂些，以才具论也不见得比郑天然更高明，我只记得他的脸孔好像有点像郑天然。

我相信你的读书成绩一定很不坏，一共拿了两只三就说是从未有过的不好（体操的吃四反面表示你的用功，因为读书用功的人大抵体育成绩不大好，虽则体育成绩不好的人未必一定读书用功，因此这自然不能说是你用功的绝对的证据——我不要让你用逻辑来驳我）。一个人不要太客气，正如不要太神气一样。难得拿到一两个三的人，还要说自己书读得不好仿佛该打手心一样，那么人家拿惯四拿惯五甚至常拿六的人该打什么好呢？你们女学生或者以为拿到三有些难为情，我们男学生倘使能每样功课都是三，就可心满意足，回去向爹娘夸耀了。

我读书的时候，拿到的一比二多，三比四多，这表示我读书不是读得极好，就是极糟糕，所以他们不给我四者，因为是不好意思给我四的缘故，叫我自己给自己批起分数来，一定不给一就给四或五，没有二也没有三的。

其实这些记号有什么意思呢？读书读得最好的人往往是最无办法的人。一个连大学都没有资格称的敝学院的所谓高材生，究竟值得几个大呢？想起来我在之江里的时候真神气得很，假是从来不请的，但课是常常缺的（第一年当然不这样，因为需要给他们一个好印象），没有一班功课不旷课至八九次以上，但从来不曾不给学分过。体育军训因为不高兴上，因此就不去上。星期一的纪念周，后来这一两学期简直从来不到。什么鸟名人的演说，听也不要去听。

　　我相信之江自有历史以来都不曾有过一个像我一样不守规则而仍然被认为好学生的人。到最后一学期，我预备不毕业，论文也不高兴做，别人替我着起急来，说论文非做不可，好，做就做，两个礼拜内就做好了，第一个交卷。糊涂的学校当局到最后结果甚至我的名次第三都已排好了的时候，才发现我有不能毕业的理由。我只笑笑说毕不毕业于我没有关系，你们到现在才知道，我是老早就知道的（钟先生很担心我会消极，但我却在得意我的淘气，你瞧得个第三有什么意味，连钱芬雅都比不上）。他们说，你非毕业不可，于是硬要我去见校医（我从来不上医务室的，不比你老资格），写了一张鬼证明书呈报到教育部去说有病不能上体操和军训课，教育部核准，但军训学科仍然要上的，好，上就上，我本来军训有一年的学分，把那年术科的学分算作次年的学科，毫无问题，你瞧便当不便当？全然是一个笑话。文凭拿到手，也不知掼到什么地方去了。

　　今后是再没有神气的机会了！

　　我觉得你很爱我，你说是不是（不晓得！）？人家说我追求你得很厉害，你以为怎样？我说你很好很可爱，你同意不同意？你说我是不是个好人？

　　这回又看不见你，我很伤心，我以为我向你说了这么多可怜话，你一定会可怜我，来看我的，那里知道你怕可怜我会伤害我的自尊心，因此仍然不来，这当然仍表示你是非常之待我好。但以后如果我说我要到杭州来的时候，你可不要说："你来不来我都不管了"，这种话是对情人说的，但不是对朋友说的。你应当说："你来，一定来，不要使我失望。"你不懂的事情太多，因此我得教教你。唉！要是你知道我想念得你多么苦！

三日夜

宋清如先生鉴：此信信封上写宋清如女士，因为恐怕它会比你先到校，也许落在别人手里，免得被人知道是我给你的起见。

081
你一定想不到我仍然是那样落拓

清如：

昨天匆匆别后，心里也满足也抱憾，没奈何的是说不出一句话来，连本来想好的也飞掉了。

你一定想不到我仍然是那样落拓，昨晚回来，付了黄包车钱，身边所剩的一张两角大洋票，便是所有的财产。本来有三十几块钱在，被家里逼着寄三十块去还债，余下的自己花了。回去饭已没有，故在路上小饭馆里吃了一碗面，至今想着有些恶心，令我眷念起西爽斋来。

愿你好好读书。

朱朱　九日晨

082
思想贫弱到简直没有

好人：

怎么是好？我一定活不过这个春天，精神上害着不可治疗的病。连写信也写不来，思想贫弱到简直没有，心总是焦躁而不能安静。你是那么远，我完全感不到你的存在。多么惨的人间。

廿七

第四辑

情定终生：
我不要上帝宠爱，
我宁愿你宠爱我

Valentine

笔能生情，笔能生花，
笔下闪烁着的是一颗火热的心。
朱生豪与宋清如写了整整九年的信件，
终于有情人终成眷属。

083
《摩登时代》

亲爱的朋友：

　　卓别麟并不曾给人们以新的惊异，《摩登时代》使我们那些"浅薄的高明者"眩目的地方只是在于它采取了一个"摩登"的题材，事实上是已不新异了的对于机械文明的"讽刺"。卓别麟本人颇有一些诗人的素质，但我们的批评家们要尊他是一个思想家时，却未免揄扬过当了。

　　《摩登时代》中触及了工厂的科学管理、失业、穷困、法律与监狱等等东西，也轻轻地借用一个共产党暴动的场面画了一幅谐画，但在本质上和以前的作品并无不同。如他自己谦恭而老实地所说的，《摩登时代》是"专为娱乐而摄制的"，这中间并没有什么"思想"的成分，而且他也绝不会变成一个社会主义者的同路人，而且我们也不希望他这样，因为我们的却利（即查理·卓别林）如果要革命，那他必得抛掉他的可笑的帽子和手杖，改正他那蹒跚的步态，这样无异于说，我们将不再欣赏到我们所熟悉的那个流氓绅士，而那正是我们所要欣赏的。卓别麟的贡献只是描写了我们这世间一些有良心而怯弱可怜被人欺负的人的面容和他们的悲哀。他自然是一个人道主义者，但我们不管他这个，我们受他的感动只是因为他那种可以称为艺术的pathetic（悲悯的）的笔触。

但我们的批评家们却因为他在最后所说的两句话"Let's buck up，we'll get along"（让我们振作起来向前进）而以为他具有"前进的意识"，思想上有了进步了。如果这两句话并非不过是两句机械的时髦话，如我们中国的"尾巴主义者"一样（中国的电影制作者们往往欢喜在结局加上一条光明的尾巴，如参加义勇军之类），那么也不过是两句聊自慰藉的话，谁都觉得它们是多少无力。艺术家和商人市侩（在近代这两种人并无冲突）的卓别麟是一个成功者，但银幕上的卓别麟则永远被注定着失败的命运，即使是艺术家的卓别麟自己也不能把那种命运改变过来的。

在《摩登时代》中，卓别麟的表演和从前并无不同，但仍一样使人发笑，而观众也就满足了，因为对他我们没有过事苛求的必要。虽然在诗趣的盈溢和充分的sentimentalism（感情主义）上他的《城市之光》更能引人入胜。至于他的反对有声片只是表示与众不同而已，实际上《城市之光》和《摩登时代》都是最理想或最近理想的有声片，虽则不用对白。然而如果事实上不能全废对白，而仍然要用少数简单的字幕写出来的话，我不认为采用字幕是较聪明的办法。

卓别麟并不曾给人们以新的惊异，但我们也并不希望他给人以新的惊异。《摩登时代》不曾使我们失望（虽然也许他所得的评价比它所应得的更高一些），至少我们在看这片子里对于生理上心理上都有益卫生的事。

如此如此，你看我批评的话漂亮不漂亮？

后天我可以把我已看完的《萧伯纳传》寄给你，这是本很有趣的书，本书的著者赫里思和萧伯纳同样是一对无可救药的宝货，我比他们中间无论哪一个都伟大得多（这是句萧伯纳式的话）。

大多数的女人都不人欢喜吃甜的东西，这是我对了大多数女人不能欢喜的一个理由，我第一次对吴大姐感到不满就是当她给我吃了一碗不甜的绿豆粥的时候。有许多女人甚至于有绝对不吃甜食的恶习惯，这足以损害她们天性中可爱之处。

我希望你尽可能地多读书，这所谓书是包括除中国古书以外的任何科学的、哲学的、社会科学的、政治经济的、绘画音乐的、宗教的……书。

一个人有时要固执起来是很可怜的，有人很赞成大路开路先锋一类的歌（那当然证明他绝对没有音乐修养），如果你对他细细说明这两个歌在音乐上毫无价值，他会倔强地说，"但是它们有很好的内容"，但我总看不出它们的内容有什么比毛毛雨更好的地方。

084
我不知道我将要写些什么

宋：

你猜我要写些什么？鬼知道！要是我能写些漂亮的迷人的话，你一定会非常欢喜我的。

我不知道我将要写些什么，当我在不曾写些什么之前；我不知道我正在写些什么，当我正在写些什么之时；我将不知道我已写了些什么，当我业已写些什么之后。然而我正要写了，我正在写了，我已经在写了，虽然我不知道我将要写些什么，正在写些什么，已写了些什么。——学 Gertrude Stein（葛特鲁德·斯坦因，美国作家）的文体。

我猜想我的中文程度跟我的英文程度一样蹩脚，我的英文程度跟我的日文程度一样高明，我的日文程度跟我的阿比西尼亚文程度一样了不得。

你这人似乎太少嗜好，对任何事都没有什么了不得的兴味，我难得听见你发表过五十个字以上的意见。

明天到韬光去好不好？

不要害怕毕业，嬉皮涎脸地对付人生虽不是正当的办法，但比之愁眉苦眼要好一些。

肯不肯做我的私人秘书兼管扫地抹桌子？三块大洋一月。

阿米巴　七日

085
唱歌与梦贼

宋：

回校了没有？你好？

昨天上午九点钟起身，写了两封信，出去吃了两个叉烧包，街上溜达一趟，回来吃中饭。吃过中饭，去看小姑娘Jane Wither（简·怀特，演员名）的影戏，跟她一比，Shirley Temple（秀兰·邓波尔，当时好莱坞的著名童星）真不值一个大，她有的是天生的成熟得可惊的演技（我还记得在"Ginger（影片的名字）"里她跟她的老祖父扮演Romeo and Juliet（莎剧《罗密欧与朱丽叶》中的男女主人公）哩），尤其是那股泼辣淋漓的作风，怪叫人心爱。吃冰淇淋一杯、糖芋艿一碗、汤团五个、梨儿四只，热的、冷的、生的、熟的、甜的、咸的都有。夜饭后在房间里唱"哈哈伊哪"的夏威夷歌，非常动听，唱日本歌词的俄国歌，唱瞎七搭八的德国歌，唱"Rose Marie"，唱"有人说人生是寻欢作乐"，唱"板桥道情"，唱"贵妃醉酒"，唱没有歌词的自撰曲，唱赞美诗，唱摇篮歌等等。

　　睡了之后，梦魇起来，我想是仰睡的结果，我每逢梦魇，总是心里知道梦魇了，竭力想把上半身抬了起来，但总抬不起。忽然房门开开，进来了一个人，我想喊他，但说不出话，只是"唔啊唔啊？"地向他发问，意思是说，"侬是啥人？"他向我看看，大概以为我吃醉了酒，把桌子上皮夹里的钞票拿了去，把一管像是手枪的东西对着我。我理都不理他，因为就是要举手手也举不起来，而且知道那并不真是手枪，心里但希望梦魇快快醒来，好阻止他逃走，但总归醒不转来。他开了房门出去了，一会儿才挣扎着醒转，想要喊捉贼，仔细一想，才明白那贼也是在梦里看见的。于是安心再睡，又做了一些记不起来的梦。

　　还不知道他们预备在什么时候搬走。

　　我待你好。

朱　十二

086
一保了险

而已，斯已矣！

本星期六的薪水发下来，支付用途之外，净余大洋一元，如之何？他妈妈的要人家保险，一保了险，岂不连电影都没得看了。

087
算账与看戏

阿姊：

我以为我今年（指阴历新年以后）特别用钱，仔细一算，却也并不怎样超过规限：

二月份起——

收入		支出	
正式工资	$127.00	膳宿	$60.00
额外工资	$65.00	寄家	$60.00
欠薪发还	$30.00	借去	$30.00
共	$222.00	不可免的用途	$7.00
		浪费	$50.00
		共	$207.00
		净余	$15.00

学 Micanber 的语调：Indispensable expenses, 10% of the income; extravagance, 90%;result, happiness.Indispensable expenses, 90%; extravagance, 10%; result, misery.

（该段英文大意如下：如果收入的10%用于必要开支，90%用于浪费，带来的结果是快乐；如果收入的90%用于必要开支，10%用于浪费，带来的结果是苦恼。）

昨天我待自己很好，请吃了一顿满意的夜饭，虽然只费去四角四分钱。

并且看了迷人精 Marlene Dietritch 的戏，Marlene虽然到现在未失去光芒，但她最红的时代的作品我不曾看过，近年来她的东西我倒是每部看的，恋歌在Marnonin的导演下是富有诗味的，但不是她本色的作风。《凯赛琳女皇》和Bergner的那一部比起来，自然是大为逊色，虽然并不是她的错处。《女人是魔鬼》中她充分发挥了自己，但导演Von Sternbourg先生又失败了一次，只不是全然的失败。这部《欲望》，可算是她近来最漂亮的一本轻喜剧了。Borzage 先生过去导演的成功作品，我都未曾寓目，近来的平庸作品却常看见，这也是他较好的一本了。在举世奉 Shirly Temple 为偶像的今日，对于有真实本事的演员如 Bergner，Garbo，Hepburn，Dietritch 等人，更不能不有甚深的敬仰。

我想世间最讨厌的东西，应该是头发梳得光光的，西装穿着笔挺的，满口 Hello，yes，举止轻佻的洋行小鬼了。比起他们来，我们家乡一般商店中的掌柜要风雅得多了。就是上海滩上凸起大肚皮，头顶精秃秃俨然大亨神气的商人，也更有趣可爱一些，至少后者的大肚皮是富于幽默的。

我盼望你今天会有信来。我爱你这样多。("这样多"是 so much 的直译。) 愿你快活。

哺乳类脊椎动物之一

088
你不给我信是不行的

清如我儿：

你不给我信是不行的。

今天的节目：

1.起身（九点钟）。

2.吃粥。

3.看报。

4.写信——给你的。

5.看小说，——完毕Galsworthy（高尔斯华绥，英国小说家）的*In Chancery*（《在法庭上》），此翁的文字清淡得很。

6.吃中饭——鸡。

7.出门。

8.卡尔登看电影——捷克斯拉夫出品，"*Symphony of Love*（《爱情交响曲》）"，又名"*Ecstacy*"，因为广告上大登非常性感，故观者潮涌，尤多"小市民群"，其实该片还是属于高级的一类，虽是以性欲为题材，却并无色情趣味，至于描写得较露骨的部分当然早已剪去。摄影好音乐好，导演处置纤细但嫌薄弱，表演平平，看后印象不深刻。

9.四马路买过期廉价漫画杂志数本。

10.回家。

11.吃晚饭。

12.作夜工三小时。

13.写信。

14.睡（十二点半）。

你要不要我待你好？

金鼠牌　星期日

089
做快乐的哲学家

　　星期六读一本辛克莱的《人生鉴》，文章很好，也有许多实用的知识，尤其是关于吃的方面，傅东华译，上海世界书局出版，特为介绍。

　　昨天看一张影片名《十三日星期五》，英国出品，轻描淡写地叙述了一些平常社会的偶然事件，非滑稽亦非讽刺，而是可喜的幽默。有人以为它的目的是破除迷信，证明十三日星期五并非不祥，真太幼稚了。

　　早上很好，半醒睡的状态中听见偶然的小鸟声和各种不甚喧闹的人声，都觉得有点可爱。怎样一种人生，如果没有闲暇可享受！

　　昨夜跑到床上，来不及把电灯熄落，就睡着了，忽然醒来，吓了一跳。

这是星期一所写。

　　今天读了你两首新诗，不能得到我的赞许。又得到张荃一篇古风，初读上去觉很好，细看之也吭啥啥。愿上帝保佑世上一切的女诗人们都得到一个美好的丈夫！我不知道张荃为什么突然心血来潮要跟我通起信来，大概因为我很好的缘故，其实我早忘了她了。

Sh……！不要响，听墙角落里有鬼叫！

宋清如顶不好。

IXUYZ　星期二

要是有人问你，你愿意做快乐的猪呢，还是愿意做苦恼的哲学家？你就回答：我愿意做快乐的哲学家，这样可以显出你的聪明。

090
愿蚊子不要咬你，咬我

清如：

你说话很可怪，好像以为我是无所不怪似的，你不来看我我也要怪你，你来看我我也要怪你。如果我真是这样，那么你这人岂不难做得很。

毕业论文这时就要担心起来，很像个好学生。这题目容易不过，二十天便可以完成：

第一天：看较详尽的文学史，获得轮廓（如已知道，则这一天可以白相）。三十分钟第二天：搜集主要的参考书（不须过多，遇疑惑有问题时才再去找别的书），包括：

1.关于此题之重要论著

2.各家传记

3.文集　　　　　　　　　　　　　　　　　　一点半钟

第三、四、五天：略览各书　　　　　　　　　每天四小时

第六天：拟制详细大纲，大概分四部分：　　　一点钟

1.叙论（历史的背景，二派产生以前及当时的文坛状况，二派之主要标榜等）。　　　　　　　　　　　　　　三千字

2.分论（各论二派之渊源流变，代表作家作品及其影响等）。　六千字

3.合论（比较二派之得失短长异同之处）。　　四千字

4.批评（用现代的眼光评论二派之主张及其在文学史上之意义等）。　　　　　　　　　　　　　　　　　　二千字

第七天：休息，远足至龙井品茗。

第八至十四天：按大纲写论文（每日工作三小时，约写二千五百字）。

第十五天：复阅补漏。　　　　　　　　　　　五小时

第十六至十八天：托人誊清，自己休息，以每日写五千字计，三日完工。二份可请二人写。甲抄上半篇时乙抄下半篇。

第十九天：作最后之审阅，交卷。

第二十天：西爽斋请客表示庆祝。

这样还是认真的办法，叫我弄起来，那么省去了打草稿的时间，一路看书，一路定大纲，一路写下去，一星期也够了。

如果我想吃你，你肯不肯给我吃呢？

愿蚊子不要咬你，咬我。

一日

一接到你的信，我便精神百倍，什么都有了兴致。我不知道为什么你会是这样好的。

091
一、二、三，快写吧

爱人：

写一封信在你不过是绞去十分之一点的脑汁，用去两滴眼泪那么多的墨水，一张白白的信纸，一个和你走起路来的姿势一样方方正正的信封，费了五分钟那么宝贵的时间，贴上五分大洋吾党总理的邮票，可是却免得我食不甘味，寝不安席，无心工作，厌世悲观，一会儿恨你，一会儿体谅你，一会儿发誓不再爱你，一会儿发誓无论你怎样待我不好，我总死心眼儿爱你，一会儿在想象里把你打了一顿，一会儿在想象里让你把我打了一顿，十足地神经错乱，肉麻而且可笑。你瞧，你何必一定要我发傻劲呢？就是你要证明你自己的不好，也有别的方法，何必不写信？因此，一、二、三，快写吧。

092
跟格言日历捣蛋

去年有一个时候我专门跟我案头的格言日历捣蛋：

四月廿九：醇酒与妇人是痛苦之原因。——玛歇尔（痛苦是醇酒与妇人之原因。）

五月三日：总不使吾之嗜欲戕贼吾之躯命。——曾国藩（设人以不享乐而长命，生命不啻为长期之系狱。）

六日：空言要少，实行要多。——韩瑞芝（多出空言，可出风头，实行让诸笨人。）

七日：人不能绝灭爱情，亦不可恋爱情。——培根（人根本无爱情，因人根本是个人主义者故。）（人做了许多次数傻子以后所获得的代价是一种经验，这种经验便是明白自己是个傻子。）

八日：破衣破袜破巾，不足以为耻，德行一破，其耻曷当。——胡氏家训（破衣破袜破巾，人见之而讪笑，是以为耻，德行一破，人视若无睹，斯不足以为耻。）

十日：仰不愧于天，俯不怍于人。——孟子（仰不愧于天，因鬼神为妄语，俯不怍于人，因人人与我一辙。）

十一日：先天下之忧而忧，后天下之乐而乐。——范仲淹（先天下之乐而乐，后天下之忧而忧，庶几乎受用。）

十四日：十二时中，莫欺自己。——葛邲（人以自骗骗人为生活之根据。）

十六日：兄须爱其弟，弟须敬其兄。——方正学（倘兄不足敬，弟不足爱，则如之何？）

十七日：父兮生我，母兮鞠我，抚我育我……昊天罔极。——《诗经》（我不欲父母生我，父母奚为生我？）

廿八日：浊富宁可清贫。——姚崇（贫而不能清，则如之何？）

六月一日：生死穷达，不易其操。——苏轼（不易其操者，有死无生，有穷无达。）

四日：勿谓今日不学有来日，勿谓今年不学有来年。——朱子（今日不学有来日，今年不学有来年。）

五日：做人以居心宽厚，气度和平为主。——蔡英（居二十世纪之文明都市，殆无有居心宽厚气度和平者矣。）

你要不要著一本书驳斥我？

寄上屠格涅夫《猎人日记》一本，及杂志两本，希望你谢谢我。

臭灰鸭蛋

093
你可以做一个受爱戴的教师

宝贝：

为着不要使你气馁，我说你一定可以做一个受爱戴的教师。不过想起来很惨是不是？有没有别的出路可想呢？我看一切职业都很无聊，做拆白党最有意思。不过你做不来，母亲也不许。

戴方帽子的照相如果照得很贼腔，请给我一张，最好签个大名在上面。如果照得很神气，则不要给我，因为我见了要害怕。

我想你离开之江的时候，一定还要写一首伟大的诗篇，是不是？也许它会使你不朽，"架上荼蘼"那半首蝶恋花为什么不涂去呢？小孩子的东西。

我们会永远要好的，是不是？

十五

094
今天又比昨天老了一天

宋：

你在不在发愁？

我在发愁，希望天下雨。不是我喜欢雨天，晴天我总希望下雨，雨天我总希望天晴。

今天又比昨天老了一天。

我爱你得很。

朱生　十五

你寄一张戴方帽子的照相给——不是给我，给姓朱的。我待你好。

五点半

095
为爱才华着意怜

宋：

两句宋词很可可（比我的好），不过"闲来只管饱和眼"一句不懂，眼大概是"眠"字之讹吧？这句和"为爱才华着意怜"两句都不协律，把为爱句搬到娇痴句下，闲来句太俚不要，下半阕另撰一句，如何？

我近来——这两天——工作效率很高，日间十足做五小时半工作，晚上做夜工三小时，每小时可以制造两块钱的商品。

昨天去把《罪与罚》电影repeat（重复、重看）了一遍，印象很好。

愿你不要惆怅，因为我不善于安慰你。

如果你不喜欢我说"我待你好"一类的肉麻话，这回我就不说。

朱　廿

096
湖州地方也不错

好友:

湖州地方也不错,如果天津不成功,当然很可去得。月薪五十其实已不算小了,在上海也许不够用,在内地很可以每月积蓄些,又不要你供给家用。只要事情不十分忙,环境相当好,钱你很可以不必计较。

郑天然下星期一来。

我已把 *Tempest* 译好一半,全剧共约四万字,你有没有这耐心抄? 这篇在全集中也算是较短的。一共三十七篇,以平均每篇五万字计,共一百八十五万言,你算算要抄多少时候?

我待你好。

朱

近来夜里很好睡,虽然有时很夜深,臭虫很奇怪变少了,也许因为人倦不觉得。蚊子比较多,但这里的蚊子有沉默的特性,不向你唱歌,还比较不使人心烦,叮就让它叮去,没有功夫理它们。

卅一

第五辑

婚后生活：

醒来就盼着天明

Valentine

结婚后，
即使在分开的短暂的时日里，
他们也是彼此牵挂彼此想念。
即使不吃饭，也要写信。

097
你的头脑跟你的心都是那么美丽可爱

亲爱的朋友：

热得很，你有没有被蒸酥了？

怪倦的，可是我想必须要写了这封信。

Tempest 已完工，明天叫他们替钉一钉，便可以寄给你看，但不知你能不能对我的译笔满意。

郑天然给我的两本抄本，我因为自己没用处，昨夜没有事，便把你所有寄我看的新诗（除了我认为太不好的少数之外）都抄了上去，计得：

1932年（十月起）	9首
1933年	38首
1934年	32首
1935年	8首
1936年（迄七月）　2首	

竭着一个黄昏一个上午半个下午的时间把它们抄完，好似从头到尾温习了一遍甘美的旧梦。我觉得你确实有诗人的素质，你的头脑跟

你的心都是那么美丽可爱。因为不讲究细琢细磨的缘故，你的诗有时显得生硬，显得意象的调炼未臻融和之境，而给人一种不很成熟的感觉，但这无害于你的抒情的优美。不经意而来的好句子，尽可以使低能的苦吟者瞠然失色；你的顶好的几首小诗可以列于我平生读过的最好的诗篇之中。我对于你真只有无限的爱慕，希望你真不要从此萧索下去才好。我曾在抄后又用红墨水把你的各篇诗加以评点，好的诗一圈，很好的诗两圈，非常好的诗三圈；句子有毛病或用得不适当的加竖，佳句加细点，特别出色的佳句加密圈，你要不要看看？

说不完的我爱你。愿你好。

永远是你的

星期日夜

098
每天早晨伤风五分钟

没有什么可吃的东西，刚才吃了半听果酱。

你呆是有点呆，多情也总算很多情，可是……不说了。

日记本子还是丢在火里好，有什么意思，又不肯给我看。

我每天早晨伤风五分钟。

阴历新年我有四五天放，除了照例回家去一趟之外，一定来湖州看看你，愿你不要□□。

099
菩萨保佑你

我有些急，你有没有生病？
菩萨保佑你！

爱你的

100
读戏曲比之读小说有趣得多

昨夜读 *Hamlet*，读到很倦了，一看表已快一点钟，吃了一惊，连忙睡了，可是还刚读完三幕。睡了下去，却又睡不着，想把你拖起来到山下散步。今天很倦。

Hamlet 是一本深沉的剧本，充满了机智和冥想，但又是极有戏

剧效果，适宜于上演的。莎士比亚的所以伟大，一个理由是因为他富有舞台上的经验，因此他的剧本没一本是沉闷而只能在书斋里阅读。譬如拿歌德的 *Faust*（《浮士德》，歌德著名长篇诗剧）来说吧，尽管它是怎样伟大，终不免是一部使现代人起瞌睡之思的作品，诗的成分太多而戏剧的成分缺乏，但在莎氏的作品中，则这两个成分是同样的丰富，无论以诗人而论或戏剧家而论，他都是绝往无继。

我最初读的莎氏作品，不记得是 *Hamlet* 还是 *Julius Caeser*（《裘力斯·凯撒》），*Julius Caeser* 是在 *Mr.Fisher*（费歇先生，朱生豪的外籍英语老师）的班上读的，他一上了班，便说，Mr.A，你读 Antony，Mr.B，你读 Brutus，Miss C，你读 Caeser 的老婆的 lines（台词），于是大家站起来瞎读了一阵，也不懂读的是什么，这位先生的三脚猫智识真浅薄得可以，他和他的学生们都一样没有资格读 Shakespeare。

读戏曲，比之读小说有趣得多，因为短篇小说太短，兴味也比较淡薄一些，长篇小说太长，读者的兴味有时要中断，但戏剧，比如说五幕的一本，那就不嫌太长，不嫌太短。因为是戏剧的缘故，故事的布置必然是更加紧密，个性的刻划必然是更加显明，剧作者必然希望观众的注意的集中不懈。因此，所谓"戏剧的"一语，必然含有"强烈的"、"反平铺直叙的"的意味。如果能看到一本好的戏剧的良好的演出，那自然是更为有味的事，可惜在中国不能多作这样的奢望。上次在金城看演果戈里的《巡按》，确很能使人相当满意（而且出人意外地居然很卖座，但我想这是因为原剧通俗的缘故），也许有一天正式的话剧会成为中国人的嗜好吧？但总还不是在现在。卖野人头的京剧（正统的京剧我想已跟昆曲同样没落了，而且也是应该没落的）太不堪了。在上海是样样都要卖野人头的，以明星登台为号召的无聊的文明戏，也算是话剧，非驴非马的把京戏和"新戏"杂糅一下便算是"乐剧"，嘴里念着英文，身上穿着中国戏台上的古装，一面打躬作揖，便算是演给外国人看的中国戏。当然这些都算是高等的，下此不必说了。

以舞台剧和电影比较，那么显然前者的趣味是较为 classical（经典的）的，我想现代电影有压倒舞台剧之势，这多半是与现代人的精神生活有关，就我所感觉到的，去看舞台剧的一个很不写意的地方，就是时间太长，除非演独幕剧。如果是一本正式的五幕剧，总要演到三个半至四个钟头的工夫，连幕间的间歇在内，这种长度在习惯于悠闲生活的人原不觉得什么，但在过现代生活的人看来就很觉气闷。至于如中国式的戏院，大概每晚七点钟开锣，总要弄到过十二点钟才散场。要是轰动一点的戏的话，那么也许四点半钟池子里已有了人，时间的浪费真是太可怕，再加之以喧阗的锣鼓，服装的眩目的色彩，疯狂的跌打，刺耳的唱声，再加之以无训练的观众，叫好拍手以及一切，一个健康的人进去准会变成神经衰弱者出来。

写于几天以前

用三天工夫读完了一本厚厚的小说，Arnold Bennett（阿诺德·本涅特，英国作家）作的 *Imperial Palace*（《皇宫》）——一个大旅馆的名字。A.Bennett 是一个有名的英国作家，死于三四年之前，但这本小说的作风趣味我觉得都很美国化。所描写的是以一个旅馆为中心，叙述企业家、富翁、雇员，资本社会的诸态，规模很是宏大。

在中国以都市商业为题材而得到相当成功的，也许只有一本《子夜》吧？但比起来不免觉得规模太小。文章写得很漂亮干净，不过读到终篇，总觉得作者的思想很流于庸俗。他所剖析的是近代资本主义社会中个人的内面和外面生活之关系（或冲突），以这个为题目的似乎近来看见得很多，因此不令人感到新异。其中颇多入微的心理分析，这或者是作者技术最主要的地方。

书中的主人翁是一个事业家，理智的人，但作者把他写得非常人情，主要的女性有两个，一个是所谓摩登女子（在中国不会有的那种摩登女子），个人主义的极端的代表，写得似乎过于夸张一些，但代表了富于想像厌弃平凡过度兴奋的现代女性之一个典型，在恋爱上幻灭之后，便潦草地嫁了人。另一个是有手段有才能的职业女性，但终于也伏在丈夫的怀里。似乎Bennett先生对于女性没有更高的希望，除了作为男人的asset之外（他把女人分为两种，一种是男人的资产asset，一种是男人的负担liability（负担），而把大部分女子归入后一种），对于这点或者未必能令人同意，但也只好置诸不论了。

中译《田园交响曲》、《狱中记》、《死魂灵》读后感

《田园交响曲》：关于以一个盲人为题目，及后因眼睛开了而感到幻灭，这似乎不是第一本。确实的我曾读过几篇类此的故事，因此这书不曾引起我多的感想。诚然这是一篇好诗。

《狱中记》：有动人的力，可惜不是全译。

《死魂灵》：纯然是漫画式的作品，似乎缺少一般所谓Novel的性质，但文章是够有味的。

　　上海的出版界寂寞得可怜，事实上你跑到四马路去，也只有载着女人照片的画报可买。《译文》的停刊很令人痛心，关于文学的刊物别说内容空虚，就是内容空虚的也只有寥寥的几本。

101
无论胜不胜任，都将非尽力做好不可

好友：

　　秋天了，明天起恢复了原来的工作时间，谢天谢地的。今后也许可以好好做人了吧，第一译莎剧的工作，无论胜不胜任，都将非尽力做好不可了；第二明天起我将暂时支持着英文部的门户，总得要负点儿责任，虽则没有什么大不了的事干。

　　昨夜睡中忽然足趾抽筋，下床跑了几步，一个寒噤发起抖来，疑心发疟疾了，钻到被头里去，结果无事。

　　《暴风雨》的第一幕你所看见的，已经是第三稿了，其余的也都是写了草稿，再一路重抄一路修改，因此不能和《仲夏夜之梦》的第一幕相比（虽则我也不曾想拆烂污），也是意中事。第二幕以下我翻得比较用心些，不过远较第一幕难得多，其中用诗体翻出的部分不知道你能不能承认像诗，凑韵、限字数，可真是麻烦。这本戏，第一幕是个引子，第二三幕才是最吃重的部分，第四幕很短，第五幕不过一班小丑扮演那出不像样的悲剧。现在第三幕还剩一部分未译好。

现在我在局内的固定工作是译注几本《鲁滨孙漂流记》*Sketch Book*(《见闻录》)等类的东西，很奇怪的这种老到令人起陈腐之感的东西，我可都没有读过。

你相不相信在戏剧协社（？）上演《威尼斯商人》之前，文明戏班中便久已演过它了，从前文明戏在我乡大为奶奶小姐们所欢迎（现在则为绍兴戏所代替着，趣味更堕落了，因为那时的文明戏中有时还含一点当时的新思想），那时我还不过十二三岁的样子，戏院中常将《威尼斯商人》排在五月九日上演，改名为《借债割肉》，有时甚至于就叫做《五月九日》，把Shylock（夏洛克）代表日本，Antonio（安东尼）代表中国，可谓想入非非。此外据我所记得的像*Much Ado about Nothing*(《无事烦恼》)和*Two Gentlemen of Verona*(《维洛那二士》)也都做过，当然他们决没有读过原文，只是照Tales from Shakespeare上的叙述七勿搭八地扮演一下而已，有时戏单上也会标出莎翁名剧的字样，但奶奶小姐们可不会理会。

有时我也怀想着在秋山踽踽独行的快乐。

《未足集》和《编余集》，这两个名字一点不能给人以什么印象，要是爱素朴一点，索性不要取什么特别的名字，就是诗集或诗别集好了。

再谈，我待你好。

朱　卅一

102
我要放自己一天假，请请自己的客

好人：

昨夜我作了九小时的夜工，七点半直到四点半，床上躺了一忽，并没有睡去。《仲夏夜之梦》总算还没有变成《仲秋夜之梦》，全部完成了。今天我要放自己一天假，略为请请自己的客，明天便得动手《威尼斯商人》。

你顶好，你顶可爱，你顶美，我顶爱你。

波顿　八日

103
我希望魔鬼进入我的心

好人:

你如今天不给我信,那太可恶;明天不给我信,倒没有什么。

今天四点半后,我真要搬家了。到新的地方去不能使我高兴,但脱离旧的地方总有些快意。

我觉得我从来没有像现在这样笨法,就是在初中二年级时门门功课读不及格的时候也要比现在聪明些,世上还有比做一个笨伯更没趣味的事吗?我希望魔鬼进入我的心。

大前天我的小兄弟从厦门抵沪,前天晚上送他上车回家去。这两年随军辗转闽广,结果带了一身病回来。回家他也知道毫无意味,"但死在外头,有些不值得";又说个把月后仍旧要出去,"这回去了之后,再也不回家了",怪可怜的。他在福建曾和一位在军队中做nurse的女士恋过爱,那人倒也很恳笃有情,他写信来要求姑母给他作主婚事,姑母说不能作主,自己有力量办当然决不阻梗;但自己并没有力量,因此很失望而悲观,他说他预备终生不娶,"因为有了家室,简直是吃官司。"!!!!

这两天夜里太少睡,有这么许多无聊。明天好好休息一下,后天得聚精会神地工作起来,要是贪惰请你捻我。

你好？

Honorificabilitudinatitibus

廿四

颓唐是因为对于自己不满意，不是对于环境不满意。能活得下去的人，不是都是有勇气的。中国人是最无勇气的，但中国人善于在任何环境中活下去。

但你叫我不要颓唐，我就不颓唐了。

104
今天在陌生的所在

宋儿：

今夜住在陌生的所在，这里并不预备久住，因为他们并没有空屋，做事不方便，否则环境倒是很好，因为居停是同事又是前辈同学，人也很好；有了相当的房子就搬走，大概少则住个把星期，多则住个把月。

抄了一千字的《威尼斯商人》，可也费了两个钟头。

没有话说，睡了，待你好。

也也　廿日夜

105
我不要上帝宠爱，我宁愿你宠爱我

好人：

昨夜二房东家里（我有没有告诉过，我已搬进了新居？）请仙人捉鬼，因为他家的女人害着重病，这位老爷附身的职业仙人装着比梅兰芳黎明晖还难听的声音，是一种说不出来的怪声，一种不像样的falsetto（用假声演唱高音），说的话我听不出，总之是带着不成熟的戏台腔调，喷着水，嘴里"呋！呋！"地把鬼赶出来，砰砰硼硼放鞭爆，大家在楼上楼下奔上奔落，这么闹了一下子。这条弄堂里迷信空气特别浓厚，因为有一家"西方莲花佛会"。

我说鲁迅的死，还不及阮玲玉的死更有意义。因为就作品的影响而论，纵的方面固然若干年后没有人再会记得阮玲玉，但鲁迅的著作，是不是能永久成为中国文学里不朽的classic，也还是一个疑问，他的杂文固然绝少保留的价值（在"现今"也许还有用），以薄薄的两本《呐喊》和《彷徨》来说，其价值也不过是新文学草创时期的两块纪程碑；《阿Q正传》（在《呐喊》中不是最出色的一篇）虽然搔着了中国人的痛处，但其性质只是一篇satire（讽刺文学），如认为小说是太草率了。至于横的方面，鲁迅的读者就不及阮玲玉的观众之广入社会各阶层，对于一般大众的生活思想，阮玲玉的影响无疑要比鲁迅的影响大得多。

我不要上帝宠爱，我宁愿你宠爱我。

近来常常扯国旗，一忽儿胡主席国葬，一忽儿蒋院长做寿，一忽儿黄先烈纪念，一忽儿段执政去世，街上的国旗比往年热闹，见者以为是民气奋兴的表示，其实是国旗制销局摆卖的结果。

其妙　五日

106
赏光——赏耳光

宝贝：

再不写信，你一定要哭了（我知道你不会，但因为想着要这样开头，所以就这样写）。

今天上午赶到虞洽卿路一个弄堂里的常州面店吃排骨面，面三百五十文，电车三百四十文，你说我是不是个吃精？下午看了半本中国电影《小玲子》，毫无意味而跑出来，谈瑛这宝货是无法造就的了。再去看 *Anna Karenina*（《安娜·卡列尼娜》），原意不过是去坐坐打打瞌铳，因为此片已看过两次；一方面是表示对于嘉宝的敬意，她的片子轮到敝区来放映，不好意思不去敷衍看一下。看的时候当然只是看嘉宝而已，因为情节已经烂熟到索然无味的地步。别的演员也都不见出色，因此一开场我就闭上眼睛，听到她的声音才张开来，实在她是太好了。看了出来，觉得这张不是十分出色的片子，如果有人拉我去看第四遍，我也仍然愿意去看的。

《威尼斯商人》不知几时能弄好，真要呕尽了心血，昨天我有了一个得意。剧中的小丑Launcelot（莎剧中的人物）奉他主人基督徒Bassanio之命去请犹太人Shylock吃饭。说My young master doth expect your reproach（我年轻的主人正在等着你的来临）。Launcelot是常常说话用错字的，他把approach(前往）说作reproach(谴责），因此Shylock说，So do I his（我也在等着他的谴责），意思说So do I expect his reproach。这种地方译起来是没有办法的，梁实秋这样译：“我的年青的主人正盼望着你去呢。——我也怕迟到使他久候呢。”这是含糊混过的办法。我想了半天，才想出了这样的译法：“我家少爷在盼着你赏光哪。——我也在盼着他‘赏’我个耳‘光’呢。”Shylock明知Bassanio请他不过是一种外交手段，心里原是看不起他的，因此这样的译法正是恰如其分，不单是用“赏光——赏耳光”代替了“approach——reproach”的文字游戏而已，非绝顶聪明，何能有此译笔？！

Romeo and Juliet（《罗密欧与朱丽叶》）和*As You Like It*（《皆大欢喜》）的电影都将要到上海来，我对于前者不十分热心，因为Leslie Howard和Norma Shearer虽都是很好的演员，但都缺乏青春气，原著中的Juliet只有十四岁，以贤妻良母型的Norma Shearer来扮似不很

适当，Leslie Howard 演 Hamlet，也似乎较演 Romeo 合适一点。*As You Like It* 是 *Elisabeth Bergner* 主演的，这个名字就够人相思了，不过据说他在这片里扮的 Rosalind，太过于像一个潘彼得。

我爱你。

星期日

107
破坏了调子

阿宋：

领了一支新毛笔，写几个漂亮字给你。我说，说什么呢? 不是没有话，可是什么都不高兴说。我很气。我爱你。我要打你手心，因为你要把"快活地快活地我要如今"一行改作"……我如今要"，此行不能改的理由第一是因为"今"和下行的"身"协韵，第二此行原文"Merrily merrily I will now"其音节为 -VI-VI-VI-，译文"快活地|快活地|我要|如今"仍旧是扬抑格四音步，不过在末尾加上了一个抑音，如果把"我如"读在一起，"今要"读在一起，调子就破坏了……

（后缺）

108
神经性匍行疹

好人：

　　我相信我后天一定会好了，这回害的是"神经性匍行疹"（不知有没有写错），搽了点凡士林，渐渐在瘪下去。最苦的是左臂，因为胁下也生着，酸麻得抬不起又放不下，无论坐着立着走着睡着，总归不知道安放在什么地方好，现在已好多了。事情仍旧每天在做着。

　　对于《威尼斯商人》的迄今仍未完工，真是性急得了不得，可是没法子，只好让它慢吞吞地进行着。无论如何，过了这个星期日一定可以寄给你看一遍，比起梁实秋来，我的译文是要漂亮得多的。

　　我爱你。

齆痢头　二日

109
大喜若狂

好人：

无论我怎样不好，你总不要再骂我了，因为我已把一改再改三改的《梵尼斯商人》（威尼斯也改成梵尼斯了）正式完成了，大喜若狂，果真是一本翻译文学中的杰作！把普通的东西翻到那地步，已经不容易。莎士比亚能译到这样，尤其难得，那样俏皮，那样幽默，我相信你一定没有见到过。

《温德莎尔的风流娘儿们》已经译好一幕多，我发觉这本戏不甚好，不过在莎剧中它总是另外一种特殊性质的喜剧。这两天我每天工作十来个钟头，以昨天而论，七点半起来，八点钟到局，十二点钟吃饭，一点钟到局，办公时间，除了尽每天的本分之外，便偷出时间来，翻译查字典，四点半出来剃头，六点钟吃夜饭，七点钟看电影，九点钟回来工作，两点钟睡觉，Shhhh！忙极了，今天可是七点钟就起身的。

As you Like it 是最近看到的一部顶好的影片，我没有理由不相信我对于 Bergner 的爱好更深了一层，那样甜蜜轻快的喜剧只有莎士比

亚能写，重影在银幕上真是难得见到的，莱因哈德的《仲夏夜之梦》是多么俗气啊。

《梵尼斯商人》明天寄给你，看过后还我。

朱儿

110
我的健康恢复得很快

My little baby child：

I am angry with you，very angry. Why not write to your uncle. seeing him so lonely lying in hospital? My health is rapidly recovering. This morning: pulse—72，temperature—98.4 ℉ .Shall get up Jan.l.Leave hospital Jan.13.Will write you no more until I come out.God bless you.

Uncle Chu

大意：

我的小宝宝：

我在生你的气，非常生气。看着你的叔叔孤零零地躺在医院里，为什么不给他写信？我的健康恢复得很快。今天早晨，脉搏：72，体温：98.4 ℉。我将在1月1日下床，1月13日出院。在出院之前我不再给你写信了。上帝保佑你。

朱大叔

111
五天以后就要出院

Silly boy：

I write you this once because I have a postcard left.5 days and I'll be out. But I'm not eager after it. Shall immediately back to work because impatient of rest.What a bore to go to office！ But anyhow I'll be glad to return to my Shakespeare again. Read Oscar Wilde just now and dislike him. Am longing to see you, wonder whether I'll have any opportunity.

Big Bad Wolf

大意如下：

傻孩子：

这一次我用这个给你写信，因为我还剩有一张明信片。五天以后就要出院，但我对此并不是很急切。因为已经休息得不耐烦了，所以想要马上回去工作。去办公室上班实在没劲！但不管怎么说，能重新回到我的莎士比亚那里去总是高兴的。现在正在读奥斯加·王尔德的小说，我并不喜欢他。我想见你，不知有没有机会。

大坏狼

112
一切还是老样子

宋：

四五天还不曾见你信，你好不好？我担心得很。

我已恢复了早上七点半起身晚上十二点睡觉的老生活方式，前天喉咙里又有些不大舒服，惊弓之鸟，很有些害怕，但现在已没什么了。一切还是老样子，很无聊，想来看你一次，怎样？

我爱你。

朱 十八

113
一到放假，总是无钱

在一处大寺院里巡礼，果然香火鼎盛，规模宏大，深叹佛法之无边，方丈名叶天士，用斋时请李培恩院长向全体僧徒演说。请他教以公民常识，际此壮丁训练举行之时，如何致力国防，宣劳党国，大家肃听，佛说如是云云。出了山门，跨下梯阶，和一头小羊交了朋友，他告诉我石阶甚滑且峻，不信佛者，常遭颠踬。余谓余身有佛骨，闭目信步随所之，一脚跨三步而行，竟得无事。时有一队马乱冲直撞地奔上山坡，大家狼狈惊窜。小犬向小羊虐扰，小羊苦之，余不知是戏，怒以石子投犬，不中，中羊腿，羊哭，犬殷勤慰之，余则遭羊白眼焉。深叹抱不平良非易事，遂醒。

昨日把信投在贝开尔路邮筒内，据闻彼处无赖小儿常挖开邮筒偷信，未知有否被偷去？

明后天放假。一到放假，总是无钱，等发年底的奖励金，至今未发，借我去的也还不出，否则我又要撒一次谎了（意谓来看你也），好在你并不欢迎我。但至少还够看一次业余剧人的《雷雨》（Ostrovsky（奥斯特洛夫斯基，俄国作家）的，不是曹禺的，他们特加一"大"字，以表区别）。

Merry Wives 已译好一大半，进行得总算还快。

你好不好？快活不快活？忙不忙？怨不怨？我爱你。

Xochimilco

114
大后天的后天来看你

爷叔：

今日星期不放假，明天起放假一星期，后天离上海，大后天的后天来看你，希望你好好打扮一下。

我欢喜你。

猪猡

115
你的"自白"与我的剃发

宝贝:

"自白"怀着兴味地读过了,不知这是你在什么时候做的?我希望你从来不曾把它给什么人看过,因为那确实是很无聊而幼稚的。撇开其中的思想和感情不说,就文字而言,我总觉得你写散文很缺少修炼。这篇东西比之你写给我的那些信,固然在修辞上多用过一点功夫,但口气上太像在演说,音节很短促,语调很重。

为什么你要写这篇东西?

昨晚我去把头发剃掉了,轧了个圆顶,看上去很古怪,今天简直不敢走出去。

虽然你写了这种该打手心的文章,我仍然很爱你。

□□□□

116
秋后的小草，我完全不懂

我苦恼得很，有点像道斯妥益夫斯基小说中的主人公，你又是那样不中用，真叫人烦闷，什么秋后的小草，我完全不懂。

唯一的希望，早点办个交代，钻到坟墓里去。

117
假如不自杀的话

脑筋里充满了Rosalind和Touchstone，给他们搅得昏头昏脑的。

每天走来走去的路上，那些破屋子上的春联都给我记熟了，一副似通非通的"不须著急求佳景，自有奇逢应早春"，不知作何解释；一副"中山世泽远，天禄家声长"，本该是"天禄家声远，中山世泽长"的，倒了一倒过，却变成拗体的律句了；一副是"新潮新雨财源涨，春草春花生意多"，上截风雅，下截俗气，但生意却是一个pun，叫莎士比亚译起来，不知怎样译法。其余的"物华天宝日，人杰地灵时"一类可不用提了；有一家卖薄皮棺材的小店门板上贴着"诗书门第"，下句不知是什么。从前我母亲的房门上贴着一副"惜花春起早，爱月夜眠迟"，小时候非常欢喜。

你还有五年好活，我还有十二年好活，假如不自杀的话。

前天听见一个人瞧着南京路上橱窗里的英皇肖像，赞叹着说，"凸格人嗰同蒋介石格赤老一样"，不知是褒是贬。赤老虽是骂人话，有时也用以表亲密之意，故未可便科以侮辱领袖之罪。

二房东的小女儿吃她晚娘打，当然打也总有打的理由，不是说晚娘一定不可以打前妻的儿女，因此我睡在床上，心里并不作左右袒。可是你想那小鬼头儿怎样哭法？她一叠声地喊着"烂污屄，好哩啊！（即'莫打了吧！'是请求的口气）烂污屄，好哩啊！"其不通世故，有如此者。

118
世上只有两种人

　　七日一星期这种制度实在不大好，最好工作六星期，休息一星期，否则时间过去得太快，星期三觉得一星期才开始，星期四就觉得一星期又快完了，连透口气儿的工夫都没有，稍为偷了一下懒，一大段的时间早已飞了去。

　　不过这不是感慨，因为随便怎样都好，在我总是一样。

　　《皆大欢喜》至今搁着未抄，因为对译文太不满意；《第十二夜》还不曾译完一幕，因为太难，在缺少兴致的情形中，先把《暴风雨》重抄。有一个问题很缠得人头痛的就是"你"和"您"这两个字。You相当于"您"，thou，thee等相当于"你"，但thou，thee虽可一律译成"你"，you却不能全译作"您"，事情就是为难在这地方。

　　预定《罗密"奥"与朱丽叶》在七月中动手，而《罗密"欧"与朱丽叶》不久就要在舞台上演出，我想不一定有参考的必要，他们的演出大抵要把电影大抄而特抄。

　　在等候着放假了吧？放假这两个字现在对我已毫无诱惑。

我想你幸而是个女人，可以把"假如我是个男人……"的话来自骗，倘使你真是个男人，就会觉得滋味也不过如此。世上只有两种人，神气的人和吃瘪的人，神气的人总归是神气，吃瘪的人总归是吃瘪。

阿弥陀佛！

119
摘抄俏皮话

宋先生：

　　窗外下着雨，四点钟了，近来我变得到夜来很会倦，今天因为提起了精神，却很兴奋，晚上译了六千字，今天一共译一万字。我的工作的速度都是起先像蜗牛那样慢，后来像飞机那样快，一件十天工夫作完的工作，大概第一天只能做2.5/100，最后一天可以做25/100。《无事烦恼》草稿业已完成，待还有几点问题解决之后，便可以再用几个深夜誊完。起初我觉得这本戏比前几本更难译，可是后来也不觉得什么，事情只要把开头一克服，便没有什么问题。这本戏，情调比《梵尼斯商人》轻逸，幽默比《温莎的风流娘儿们》蕴藉，全然又是一个滋味。先抄几节俏皮话你看：

裴：现在请你告诉我，你为了我身上的那一点坏处而开始爱上了我呢？

琵：为着你所有一切的坏处，它们结起了联合防线，不让一点点好处混进了队伍里。但是你最初为了我的哪一点好处而被爱情所苦呢？

裴："被爱情所苦"，好一句警句！我真是被爱情所苦，因为我的爱你完全是违背本心的。

琵：我想你对于你的本心太轻视了。唉，可怜的心！要是你为了我的缘故而把它轻视，那么我也要为了你的缘故而把它轻视了；因为我的朋友所不欢喜的，我也一定不爱。

裴：我们两人太聪明了，总不能好好儿地讲些情话。

琵：照你这句话看起来，有点不见得吧；二十个聪明人中间，也没有一个会恭维他自己的。

裴：琵菊丽丝，这是一句从前太古有道盛世，人人相敬的时代的老生常谈，当今时世，要是一个人不自己预先给自己立下了墓碑，等葬钟敲过，老婆哭了一场之后，便再不会给人记得了。

琵：那你想会有多久呢？

裴：问题就在这里。钟鸣一小时，泪流一刻钟。因此只要于心无愧，聪明人把他自己的美德宣扬，就像我现在一样，是最得策的事。我自己可以作证，我这人的确了不得。

＊＊＊＊＊＊

琵：主啊！我怎么忍受得住一个脸上出胡子的丈夫呢？

利：你可以找到一个没有胡子的丈夫呀。

琵：我把他怎样办呢？叫他穿起我的衣裳来，做我的侍女吗？有胡子的人便不是个少年，没有胡子的人算不得成人，不是少年的人我不要，没有成人的孩子我不能嫁他。因此我愿意付六辨士的保证金给耍熊的，让我把他的猴儿牵到地狱里去。（古谓女子不肯出嫁者死后罚在阴司牵猴子。）

利：那么你要到地狱里去吗？

琵：不，只到了地狱门口，魔鬼就像一个老王八似的，头上出着角，出来见我，说，"您到天上去吧，琵菊丽丝，您到天上去吧；这儿不是给你们姑娘们住的地方。"因此我把猴子交付给他，到天上去见圣彼得了。

******

陶：听我吩咐你们的职务：瞧见流氓便要捉；你们可以用亲王的名义喝住无论那一个人。

巡丁乙：要是他不肯站住呢？

陶：那么干脆不要理他，让他去吧；马上叫齐了其他的巡丁，一同感谢上帝，这坏蛋不再来麻烦你们。

佛：要是喝住他的时候，他不肯站住，那么他便不是亲王的子民。

陶：对了，不是亲王的子民，就不用管。而且你们不要在街上大声嚷，因为巡夜的要是高谈阔论起来，那是最叫人受不了的事。

巡丁甲：我们宁可睡觉，不要讲话，我们知道巡丁的本分。

陶：好啊，你说得真像一个老练而静默的巡丁，我想睡觉总不会得罪人的。你只要留心你们的戟儿不给人偷去就得了。要是你碰见一个贼子，凭着你的职务，你可以疑心他不是个正直良民；这种东西你越是少去理睬他们，就越显得你是个本分的人。

甲：要是我们知道他是个贼，我们要不要抓住他呢？

陶：是的，凭着你们的职务，本来是可以的；但是我想伸手到染缸里去，难免沾污了手，因此最妥当的办法，当你碰见一个贼的时候，就让他显出他的看家本事来，从你们手里偷偷地溜了去吧。

佛：要是你们听见小儿在夜里啼哭，就应当去喊奶娘给他止哭。

甲：要是奶娘已经睡熟了听不见我们喊呢？

陶：噢，那么悄悄儿走开吧，让那孩子把她哭醒了就得了，因为要是一头母羊听不见她羔羊的"咩"，自然也决不会答应一头牛儿的"哞"啦。

＊＊＊＊＊＊

安：好，侄女，我相信你会听从你父亲作主的。

琵：是的，我的姐姐的本分，便是行个屈膝礼，说，"爸爸，随你的意思吧"。但是虽然如此，姐姐，他一定要是个漂亮的家伙才行，否则你还是再行个屈膝礼，说，"爸爸，随我的意思吧"。

利：好吧，侄女，我希望有一天见你嫁定了丈夫。

琵：除非等到男人们不再是被上帝用泥土捏成的时候。你想一个女人给一团尘埃作了主儿去，这不怄人吗？把她的一生和一块顽泥消磨在一起！不，伯父，我不要。亚当的儿子们都是我的弟兄；真的，我以为血族结婚是一件罪恶。

利：女儿，记住我告诉你的话，要是亲王对你如此如此，你便这般这般。

琵：姐姐，要是他不周旋中节地向你求爱，那多分是音乐的错处。要是那亲王太性急了，你就告诉他万事都有个节拍，你便不睬他跳舞下去。因为，希罗，你听我说，求婚、结婚、和悔恨，就像是跳苏格兰捷格舞，慢步舞，和五步舞一样：开始的求婚就像捷格舞那样的热烈而急促，充满了狂想，结婚就像慢步舞那样端庄镇静，一片的繁文缛节和陈腐的仪式，于是悔恨就跟着来了，那蹒跚无力的腿一步步沉滞下去，变成了五步舞，直至倒卧在坟墓里。

******

希：我从来不曾见过一个人逃得过她的挑剔，无论他是怎样聪明高贵年轻漂亮。如果生得俊，她便会说那位先生应当做她的妹妹；要是生得黑，她便会说上帝正在画一张小花脸的时候，偶然用墨笔涂污了；要是个儿高，便说是管歪头的长枪；要是个儿矮，便说是块刻坏了的玛瑙坠子；欢喜讲话的，便说是随风转的风信标；欢喜沉默的，那么便是块没有知觉的木石。

******

披：有谁见过他上理发店吗？

克：不，可是有人瞧见理发师跟他在过一起呢，他脸庞上的原来那些毛毛儿早已拿去塞了网球了。

利：的确，他去了胡须以后瞧上去比以前年轻了。

披：哼，他还用麝香擦身体呢，你们嗅不出来吗？

克：那就是说，这个可爱的孩子在恋爱了。

披：最重要的证据是他的忧郁。

克：他以前几时洗脸洗得这样勤呢？

披：是啊，而且我听人家说他还涂脂抹粉呢。

克：只要瞧他的开玩笑的脾气好了，现在他已经不再到处拉他的胡琴了。

披：对了，这是一个有力的证据。总之他是在恋爱了。

裴：可是你们这种话不能医好我的牙齿痛呀。

******

裴：可是除了你之外，的的确确谁个姑娘都欢喜我的，我也很希望我不要那样心硬，因为我一个都不爱哩。

琵：那真是女人们的好运气，否则她们要给一个恶毒的情郎纠缠个不清了。多谢上帝和我的冷酷的心。我的脾气倒和你一样，让一个男人向我发誓说爱我，还不如听我的狗朝着乌鸦叫。

裴：上帝保佑你小姐永远这样想法吧，因为那位先生可以免去了一张命中注定给抓碎的脸孔了。

琵：倘使像尊驾那样的脸孔，就是给抓碎了也不会变得再难看些的。

裴：你是一头少有的多嘴鹦哥。

琵：像我那样多嘴的鸟儿，比之你这种出言无礼的畜生，还好得多哩。

******

克：在我的眼中，她是我生平所见的最可爱的女郎。

　　裴：我现在眼睛还不曾花到要戴眼镜，可是我瞧不见你所说的那种情形。她的族妹琵菊丽丝虽然火性那样大，可是比起她来要美得多，就像阳春远过于残冬。但是我希望你没有想做新郎的意思吧？

　　克：我虽然宣誓过独身，可是如果希罗愿意嫁我，我一定作不来自己的主。

　　裴：已经到了那地步吗？真的，世上就没有一个人可以不靠着吃他妻子的醋而生活的吗？难道我永远见不到一个六十岁的童男了吗？算了吧，算了吧，真的你愿意把你的头套在枷里，让它扣住你的头颈，把每一个星期日在叹息中消度过去？瞧，唐披特洛找你来了。

　　披：你们不跟着利奥那托去，在这里有什么秘密？

　　裴：我希望殿下强迫我说出来。

　　披：我用臣子尽忠的名分命令你说出来。

　　裴：你听，克劳底奥伯爵，我本来可以像哑巴一样守秘密的，我希望你能相信我这样，可是我要向殿下尽忠呢，听着，我要向殿下尽忠呢。——他在恋爱了。跟谁？那要请殿下亲自动问了。听吧，他的回答是多么短，跟希罗，利奥那托的短短的女儿。

　　克：倘使这是真的，那么就算真的。

　　裴：正像老古话所说："并不是如此，也并不不是如此，但是，真的，上帝保佑不是如此。"

　　******

裴：哼，他把我侮辱得连木石都忍受不住呢！枯树听了她那种话都忍不住要还口，连我戴在脸上的假脸具都要活了起来跟她相骂。她不知道我就是我自己，对我说我是亲王的弄人，说我比○○还蠢，用那样不可思议的敏捷，把一句句讥讽的话掷到我身上，我简直像是一个被人当作箭垛的人，整队的大军向我发射。她讲的话就像一柄柄快刀，每一个字□

******

□是讥讽着婚姻；但是人们的口味不也要换换新鲜的吗？年轻时喜欢吃肉的，也许老来一见肉便要恶心。难道一些讽刺讥嘲，不伤皮肤的舌剑唇枪，便会把一个人吓怕而不敢照他的心思行事了吗？不，人类总要繁殖下去的。当我说我要作独身汉而死的这句话时，我没有想到我会活得到结婚的年龄。琵菊丽丝来了。天在头上！她是个美人儿。我有点儿看出她的几分爱情来了。

琵：人家差我来叫你进去吃饭，我心里可是老大不愿意。

裴：美丽的琵菊丽丝，谢谢你，多多有劳了。

琵：多多有劳你谢我，我可是理都不要理你的感谢。要是我怕烦劳，我一定不会来的。

裴：那么你是很乐意来的吗？

琵：是的，因为我要看你竖起刀尖来戳一块老鸦肉吃。你的胃口怪好呢，大人。再见了。

裴：哈哈！"人家差我来叫你进去吃饭，我心里可是老大不愿意"，这句话里头有点双关的意思呢。"多多有劳你谢我，我可是理都不要理你的感谢"，那简直是说，"我无论怎样为你效劳，都是不算怎么一回事的"。要是我不可怜她，那么我是个混蛋；要是我不爱她，那么我是个犹太鬼子。我要向她讨小照去。

******

歌一首

不要叹息，不要叹息，姑娘，

男人全都是骗子，

一脚在岸上一脚在海洋，

从不会至诚到底。

不要叹息，让他们去，姑娘，

你何妨寻芳作乐？

收拾起哀音，再不用情伤，

唱一阕甜歌欢曲。

莫唱哀歌，莫唱哀歌，姑娘，

停止你忧郁悲吟，

哪一个夏天不茂叶苍苍？

哪一个男子忠心？

不要叹息，让他们去，姑娘，

你何妨寻芳作乐？

收拾起哀音，再不用情伤，

唱一阕甜歌欢曲。

120
再见了，上海

Get home in a midnight dark train last night, with a group of five ladies an danamah, two of the former acting as general managers. the third is an ugly idiot, the first and the fifth, a chicken-hearted imbecile and an ancient dame, whom I held up in my arms in getting up and down the train. It's a scene I won't describe. Anyhow, farewell Shanghai! I am rather unwilling to leave thee amidst this stirring spectacle.

Please write me as soon as possible, to the following address：嘉兴芝桥街曹思濂转。

Kashing very peaceful that I fear she will weary me. But my work is still with me now.

I love you.

8/26

大意：

昨晚我乘半夜的火车回到家里，同车的还有一群共五个妇人和一位老太。那五个妇人中有两个的举止就像是总经理，第三个是个丑陋的白痴，第一个和第五个，一个是小鸡胆子的蠢货，另一个像是古代的夫人，上下车都得我用双臂扶持着。这一路的情景我真不想讲了，不管怎样，再见了，上海！在这一番动乱的情景之中，我真有点不大愿意离开你。

　　请尽快给我写信。来信可寄：嘉兴芝桥街曹思濂转。

　　嘉兴非常平静，我害怕它会使我厌倦的，但是我的工作还在继续着。

　　我爱你。

朱生豪先生除了给他的妻子宋清如写信外，
还有诸多小说、散文、随笔、短诗、
评论在公开刊物上发表或者未发表，
这些诗文更全面地展示了朱先生一生的才华与性情。

001
约法七章

一、为避免离别痛苦起见，生豪愿于本年暑期后随同清如重回常熟居住；并为使莎剧译事早日完成，不致时作时辍起见，非有重要事故，暂时不再返归嘉兴。

二、生豪愿对岳母尽最大可能之孝敬，并诚意服从清如之任何训令；唯清如亦必须绝对尊重生豪之感情，勿令其在精神上感受痛苦。

三、生豪必须按月以稿费三百元供给姑母等二人生活，清如必须予以种种精神上之协助，使其能在安定之心理下达成此项目的，而不致随时遭受不快意之阻扰。

四、清如必须向母亲明白要求划出每日下午时间，作为与生豪商酌文字上疑难，及个人读书写作之用。

五、清如必须向生豪保证不得有六小时以上之离别，如有必须之理由，当先征得生豪同意，并约定准确归期，不可失信。

六、关于补习英文事宜，可由清如就下列二办法中决定采取一种：

（A）除王龙因至亲关系，可允其间日一来外，其余一概拒

绝；徐氏姐妹如偶有疑问，可予以讲释解答；唯不能代
应其校中课卷，清如应先向王家姑母说明，教授王龙以
不接受金钱酬报为条件，否则不教。

（B）收纳资质聪颖之学生五六人至七八人，规定每日上午为
教授时间，每月须有一百五十元至二百元学费收入，以
补贴本人饭食及损失。

七、清如必须允许生豪不勉强其从事不愿意之行为，如单独陪
陌生人吃饭等。

（1942年两人婚后去常熟宋清如娘家暂住前的"约法"）

002

By Percy Chu

Sing us a song——

Sing us a song of May,

Sweet swallow will return

From seas far, far, away.

Sing us a song——

Sing us a song of cheers,

Forget not the winter,

The winter had our tears.

Sing us a song——

Sing us love that can't die,

Dew-drops glitter on grass,

There's light in lady's eye.

003
别之江

再回头望一望你的家,

五月过去了,玫瑰

尚残留在枝头;

一步步一步步你远了!

再回头望一望你的家,

你的相思,你的爱。

望着烟雾的一片

也别用发愁。
今天开今天的花，
明天结明天的果。
一步步一步步你远了，
记忆发出明净的
缊艳在你的心中。
我再不恨西风
吹冷了我的年华，
只是这一片天真，
永远深锁在心扉，
因为你，慈爱的人
在你的歌声里藏着
我无尽的美梦——

当一片黑云坠下
我窗前，辽远的渺小的
声音向我招呼，
我就认识了我自己。
今朝我打开行囊，
收拾起一束花，
一卷诗，一个鲜明的
鲜明的爱，滋润

这惨淡的惨淡的心灵；

小心地我捡起

这圣洁的形像，

一副无邪的酡脸，

显着寂寞，显着欢喜。——

抖颤着我的双手，这

该是我最末一次的流泪了！

胸头有无限的

痛楚，无限的愉快，

低低地祝告，低低地

我吻着，你神秘的影子！…

不是矜严的朝阳

又在催我？留恋

已不是时候！珍重地

我藏好这一切，

你美丽的恩赐！

揩干了泪，我走，

趁着朝阳的光辉，

大气的清鲜。再回头

望一望草叶上露珠的

跳跃，密密的林中

小鸟唱着旧日的歌。

唉！我不能忘记

星空下的草坪，月夜的

渔船，一星微弱的萤火

伴着我寂寞的行路；

无数的梦，无数的悲哀，

无数欢忭的笑，无数

天真的活跃，我能寻出

在夕阳下的沙滩上，

在放羊的山坡上，

在寂寞的溪边，

在无寐的夜间

鸣着蟋蟀的墙下……

只一次再让我

紧紧地靠着你，望一望

你圆活的黑眼，清清的

一汪里也许已浮上

怅惘。不，我不愿

再招起徒然的哀感，

看我的脸上已浮出

笑痕。让我们追索

第一次的见面——
啊，亲爱的朋友！
我羞红的颊凑近
你的耳边告诉，从那时候
起，我已欢喜你！
这回轻轻的分散原
算不得什么，大家
都只是一片轻轻的云；
把你的手给我，
别了，再不用牵记！

从今天起我埋葬了
青春的游戏，肩上
人生的担负，做一个
坚毅的英雄。过去
有什么好忏悔的？
幸得这一切，医治
我零落的伤痕！但现在
已无须，我要忘记，
不，深锁在我的心头

古昔诗人一句话，

冬天来了，阳春

岂能久远？如今我只期望

西风吹落了辛苦的收成，

残酷的霜霰终究

压不碎松柏的青青；

绵绵的长睡里有一天

会响起新生嘹亮的钟。

我欢喜，我跳跃，

春天复活在我的心中，

那时我再看见了你！

004

《鹧鸪天》三首

楚楚身裁可可名，当年意气亦纵横，

同游伴侣呼才子，落笔文华洵不群。

招落月，唤停云，秋山朗似女儿身。

不须耳鬓常厮伴，一笑低头意已倾。

忆昨秦山初见时，十分娇瘦十分痴，
席边款款吴侬语，笔底纤纤稚子诗。
交尚浅，意先移，平生心绪诉君知。
飞花逝水初无意，可奈衷情不自持。

浙水东流无尽沧，人间暂聚易参商。
阑珊春去羁魂怨，挥手征车送夕阳。
梦已散，手空扬，尚言离别是寻常。
谁知咏罢河梁后，刻骨相思始自伤。

005
蝶恋花

不道飘零成久别
卿似秋风，侬似萧萧叶
叶落寒阶生暗泣
秋风一去无消息

倘有悲秋寒螗蝶

飞到天涯，为向那人说

别泪倘随归思绝

他乡梦好休相忆

006
恋小の呗

愿你心上开出一朵小小欢喜的花，

愿我的心啊是一泓光明的流水，

让摇曳的花影投赠给流水，

让我的心分有你的欢喜吧！

也许花不久会萎谢呢，

也许欢喜如朝霞不能久驻呢，

那么把英英的残瓣散在我心上，

让流水载着你的哀愁吧！

007
种树

诗人说："诗是像我这种蠢材做的，只有上帝能造一株树。"

我要在庭心里种一株树，
用五十年的耐心看它从小变老，
我要在树底度我的残年，
看秋风扫着落叶。

为着曾经虐待过我的女郎，
我要在树干上刻满她的名字，
每一片叶上题着惨毒的相思，
当秋风吹下落叶。

我将赍着终古的怨恨死去，
我要伐下这树作我的
棺木，当末一序的秋风
卷尽了落叶。

008
忆乡间女弟子

也许我将不忘记那一段忍气吞声的日子，

充满着沉痛，屈辱，与渴望的心情；

然而那也不是全没有可恋的，——

门外纵横着暴力的侵凌，

豺狼后面跟着一群无耻的贱狗，

而风雨飘摇的斗室之中，

却还温暖着无邪的笑语。

雅——大学教授的娇女，

是一个梳着两根小辫子的，

健谈而温婉的小鸟，

到处散布着阳光与青春的纯洁。

也许她还记得笔下 Cleopatra 的眩丽，

也许她还记得，那段著名的 Sever Stages of Man。

在一个兴奋的下午，

她告知我国军胜利的消息。

明——烟纸店里的姑娘，

是羞怯而沉默的，

头常常低俯着，

英文对于她是一种新鲜的课程，

两星期读完了第一册读本，

无论哪个教员不曾有过这样颖悟的学生。

而且我怎么能忘记乖巧的小凤，

房东家的小女儿呢？

每天放学回来，

她不忘记交给我一篇稚气的作文。

先生的责任是很重的：

九归乘除在她的算盘上打会了，

分数小数在她的笔下算会了；

她还学会了中国，南京，海南岛，

在英文里叫什么名字。

一个无父的孤儿，

小小年纪怪懂事的，

她知道怎样发愤努力。

早晨练字写总理遗嘱，

蒋委员长是她崇拜的英雄。

也许我将不忘记那一段忍气吞声的日子，

充满着沉痛，屈辱，与渴望的心情；

然而那也不是全没有可恋的，——

门外纵横着暴力的侵凌，

豺狼后面跟着一群无耻的贱狗，

而风雨飘摇的斗室之中，

却还温暖着无邪的笑语。

009
耗子·乌龟·猪

× 军到来之日，

某屋的主人仓皇出走，

剩下满屋的耗子，

后圈一条来不及宰杀的肥猪，

和庭心一只积世的老乌龟。

耗子说，"这是我们的世界了；——。"

于是跳梁无忌，为所欲为。

乌龟是一个哲学家，

惟终日缩头曳尾于阶前，

悠然以度其千岁之长生。

肥猪则免作主人之馔，

深感×军的威德。

然而一把火烧去了耗子的窠，

感恩的猪奉献给×军一盘美味的烤肉，

更没有人查问乌龟的下落。

010
论读书

　　莎士比亚在《爱的徒劳》（*Love's Labour's Lost*）里说："一切的娱乐都是无谓的；但是最无谓的，要算是费尽痛苦去找求痛苦，例如在一本书上钻研，去探求真理之光那种的事了：在你还没有从黑暗中摸索到光明之前，你的明亮的目光却已消耗而变成蒙昧。……"大意是这样。的确，读书是一桩痴人的事。世间果有秦始皇其人，能把所有的书付之一炬，那么人类文化或许要开倒车，但愚民政策果能有所成就，则"无知"的幸福，却非我们这时代人所能几及。

　　然而就我个人而言，不读书简直不能生活。一两天不吃饭尽有夷然处之的本领，一天不接触书本就要惶惶然如丧家之狗了。但是做一个现代的读书人，真不是一件容易的事。据我的意见，标准的读书人，至少该懂得两种以上的外国文字，本国文的充分的素养不必言；他除了所专精的某种学问之外，至少要具备一切不可少的丰富的常识，对于国际上政治经济上诸问题的隔膜是足以贻笑大方的，善于做梦的诗人，不懂得一点科学也是不行的，科学家除了一脑子的公式而外，对于艺术缺少鉴赏力，在某种意义上也是个乡下人。穷毕生之力以治一经，这种悠然的治学态度，我们这一辈人对之只有艳羡的份儿。

　　因此我只能自认为一个"爱美的"（如有人所译Amateur一字）读书者，我始终觉得我读过的书太少了。当然，像我们这种只配买买popular edition或跑跑旧书摊的人，有许多煌煌巨著，无法读到，也是无可奈何的事。

　　最近，在《字林西报》上一位署名Ega的作了一篇《论书籍》（On Books），他提出了一个不算新鲜的问题："假如在某种环境之下，你将被放逐在一个荒岛上消度你的余生，哪十本，或二十本书，是你所要携之与偕的？"对于书呆子们，这是一个颇值得争论的问题。记得前年曾有某刊物征求"青年必读书"之类的答案，有一位先生因为提出了《庄子》《文选》而被人大骂：摆出导师的神气来要青年读这读那固然不很对，现在的中国青年是不会有工夫去读《庄子》《文选》一类书的；但是各言尔志，却也不妨，就我自己说，这两本书我都十分欢喜。

Ega 先生不是一个学者，但是一个可说是典型的英国读书人，他所举出的几本 Must 的书，也许可以给我们相当的参考。他第一举出的是《牛津英语字典》，继之以 Roget 的 Thesaurus 和 Fowler《近代英语惯用法》（Modern English Usage）。我希望中国也有这一类继往开来的伟著。

其次他举的是《莎士比亚全集》，我还想加进一本英文《圣经》去，（我十分不满意基督教的肤浅的教理，但是《圣经》文辞的瑰丽永远是一个无尽的宝藏。）谁不曾读过这两本书的，不能算是读过英文。

第五本是《近代知识大纲》（Outline of Modern Knowledge，Gollanez 出版，一千页，五先令）。再以下是偏重于个人兴趣方面的，所举的有最近风行一时的 Guntler 的《欧洲内幕》（Inside Europe），林语堂的《生活的重要》等。我不大赞成中国人读林语堂的书，虽然给外国人读读是很好的。我的意见是中国人很富于幽默的性质，但不大懂得幽默。任何的批评对于她——The Chinese People——都是有益的，任何的赞美对于她都是有害的。

我不想对于 Ega 先生的意见做更详尽的探讨。至于我，假如在必不得已的时候，并没有太大的奢望，只愿意拿一本《莎翁全集》和一部杜诗到我的荒岛上去。多谢日本人，去年沪战爆发的时候，几百本不值钱的旧书，都留在我的寓所不曾带出，匆匆之间随身带走的，只有一本《莎集》。乡间过了几个月幽囚的生活，它是我唯一的良伴。可惜的就是渴想读杜诗而不能得。中国的诗人中间再没有比杜甫更亲切有味的了，尤其是对于我们这种身受乱离的人。如果文学是时代的反映，那么现时代是比杜甫的时代更伟大百倍的时代，照理应该有比杜甫更伟大百倍的诗人出来传达出不单是他个人，同时也是整个民族的呼声，这样的人也许会有，我们是在盼望着。

说一句老实话，处于这种不宁的时代里，能够携带两三本心爱的书籍，到一个无人的荒岛上去，毋宁是一种近于梦想的幸福。

（刊于《青年周报》第11期，1938年5月21日）

011
傻子在莎士比亚中的地位

迫克（Puck）说："主啊，人类是一群多大的傻瓜！"（《仲夏夜之梦》，三幕二场。）《第十二夜》中的小丑说，"傻气就像太阳一样廻绕着地球，到处放射它的光辉。"（三幕一场）这两句话之为真理，大概是颠扑不破的。我不想多发表什么高谈伟论，因为每个聪明人都会说：这世界上傻气的事多过于聪明的事，越是聪明的人，干的事情越傻；现世界的统治者大半是些精神变态的狂人，而被统治者大半是些盲目的白痴……之类的话。我不敢承认自己是个聪明人，因此这些话还是保留不说为妙。本篇的题目，如上面所写出的，是"傻子在莎士比亚中的地位"。

所谓"傻子",即fool,这一个名称在本文中一般的界说,是指宫廷中或贵族家中所畜养的以调侃打诨为事的弄人,他们的智力并不低于常人,有时或远过于常人;所以称之为fool者,大概因为他们只会信口胡说,嚼嚼舌头,而不会一本正经地用庄严的"无韵诗"讲话的缘故。莎士比亚既然常把fool和wise man并举,我想就把它直译为"傻子"或者还不算十分不妥。

在喜剧中间,这种"傻子"(扮演仆人的丑角等也属于这一类)的任务大抵不过是说说俏皮话,制造一些笑料而已。早期的莎翁作品里,这种角色都是极其浅薄无聊的。可是斐斯托(Fetse)在《第十二夜》里,试金石(Touchstone)在《皆大欢喜》里,就占有相当重要的地位;尤其是后者贡献了不少的机智。可是我们也别忘记,《第十二夜》中的深刻的讥刺,那些高尚的人物:自作多情的公爵,"冷若冰霜"、然而见了一个小白脸就心里飘飘然起来的贵小姐,道貌岸然的清教徒管家,……没有一个不在发昏,而头脑始终清醒的,只有一个酗酒的托培叔父(Sir Toby Belch),一个雏形的福斯泰夫(Fastaff)和一个无足重轻的傻瓜,但是在全部莎翁作品里面,《李尔王》中的傻子要算是最著名的一个。在那篇伟大的悲剧中间,他所处的地位的重要,使他成为全剧中不可缺的一个成分。当李尔被他的女儿所冷遇,发了疯而在暴风雨中狂奔的时候,他的愤怒的詈骂,和那跟他一同出走的那"傻子"的嘲讽和感慨,以及含冤佯疯的爱特茄(Edgar)的装腔的鬼话,合成了一种奇怪的三步合奏曲,把悲剧的情调格外增强了。

把《李尔王》中的傻子作一个精密的分析该是一件颇有兴味的

事，可惜这里没有机会。我们现在试把莎剧中的"傻子"分为几个
类型：

第一是胡闹派，莎翁前期喜剧中的那些扮演仆人的丑角（他们
虽然不是"职业的"弄人，对于他们的主人常处于"弄人"的地
位），如（错误的喜剧）中的特罗米奥兄弟（Dromio Brothers），《维
鲁那二士人》中的朗斯（Launce），《威尼斯商人》中的郎西洛脱
（Launcelot）等，都可以属于这一类。朗斯对于他的狗的那一段独
白，可以代表他们的风格：

呕，我到现在才哭好呢：我的一家都有这个毛病。我已经接受
我的命运，像那浪子似的，要跟泊洛替尼斯大爷到皇宫里去。我想
我那狗儿克来勃是条最没良心的狗了。我的妈泪流满面，我的爸吁
声叹气，我的妹妹放声大哭，我们那丫头也号咷痛哭，猫儿也扭着
她的手儿，一家门都弄得七颠八倒，可是这条狠心的狗简直不滴一
点眼泪。它是块石头，全然是块石头，像条狗那样没良心。就是犹
太人见了我们的分别也要哭起来。喝，我那老祖母，她眼睛已经瞧
不见了，你瞧，也把她的眼睛哭瞎了。呕，我可以把那时的情形给
你们看。这双鞋子算是我的爸；不，这只左面的鞋子是我的爸；不，
不，这只左面的鞋子是我的妈；不，那也不对；……是的，对了，对
了，那只鞋底（sole，与soul＝灵魂谐音）比较破一些。这只有洞的
鞋子是我的妈，这是我的爸。他妈的！正是这样。好，老兄，这根
杖是我的妹妹；因为怎瞧，她白得就像百合花，身材细得像根棒儿
那们的。这顶帽子是我们的丫头阿南。这条狗算是我；不，狗就是

他自己，我就是狗，——喔；狗是我，我是我自己；呕，对了，对了，于是我到我爸跟前；"爸，您的祝福；"现在那只鞋子就要哭得说不出话来了；于是我吻着我爸；好，他只是哭着。于是我到我妈跟前；——唉，要是她现在能够像个木头人似的，说句话儿就好了！好，我吻着她；喝，就是这样，我的妈就这么一口气透上透下呢。然后我到妹妹跟前；瞧她呻吟得多么沉痛。可是这狗儿就不曾滴过一点泪，不曾说过一句话儿；睁着眼睛瞧我涕泗滂沱。(《维鲁那二士人》，二幕三场)

当然这种都是名副其实的傻子，他们除了胡说八道，说些似通非通的话，或者作些毫无意味的双关话(pun)以外，再没有别的本领，第二类傻子也可以说是"哲学家"，他们是具有成熟的人生经验和智慧的玩世者，"用他的傻气作为盾牌，在它的掩护之下放射出他的机智来"。《皆大欢喜》中的试金石，和《李尔王》中的"傻子"是最好的代表。"忧愁的哲学家"杰凯斯(Jacques)在林中遇见了试金石：

他躺着晒太阳，用头头是道的话辱骂着命运女神，然而他仍然不过是个穿彩衣(傻子的"制服")的傻子。"早安，傻子，"我说。"不，先生，"他说，"等到老天保佑我发了财，您再叫我傻子吧。"(成语有"愚人多福"，故云)于是他从袋里掏出一只表来，用着没有光彩的眼睛瞧着它，很聪明地说，"现在是十点钟了；我们可以从这里看出世界是怎样在变迁着；一小时之前还不过是九点钟，而再过一小时便是十一点钟了；照这样一小时一小时过去，我们越长越老，越老越不中用，这上面就大可发感慨了。"我听着这个穿彩衣的傻子对着时间发挥了这么一段玄理，我的胸头要像公鸡一样叫起来了，奇怪着傻子居然会有这样深刻的思想；我笑了个不停，在他的表上整整笑去了一个小时。啊，高贵的傻子！可敬的傻子！彩衣是最好的装束。（《皆大欢喜》二幕七场）

这种傻子，"他的头脑就像航海回来剩下的饼干那样干燥，其中的每个角落里却塞满了人生经验，他都用杂乱的话儿随口说了出来。"他们的所以甘心作"傻子"，是因为知道所谓"聪明人者"，也不过尔尔而已。"傻子自以为聪明，但聪明人知道他自己是个傻子。"傻子有任意放肆的特权，所以杰凯斯要希望做一个傻子：

准许我有像风那样广大的自由，高兴吹着谁就吹着谁，傻子们是有这种权利的；最给我的傻话所挖苦的，最应该笑。殿下，为什么他们必须这样呢？这理由正和到教区礼拜堂去的路一样明白；给一个傻子用俏皮话讥刺了的，即使刺痛了，要是不装出一副若无其事的态度来，那么就显出聪明人的傻气，可以给傻子不经意的一箭就刺穿，未免太傻了。给我穿一件彩衣；准许我说我心里的话，我一定会痛痛快快地把这沾病的世界的丑恶的身体清洗个干净，假如他们肯耐心接受我的药方。（《皆大欢喜》二幕七场）

可是做这样一个傻子，决不是一件容易的事。正如梵琊拉（Viola）所说的：

装傻装得好也是要靠才情的：他必须窥伺被他所取笑的人们的心绪，了解他们的身份，还得看准了时机；然后像不择目的的野鹰一样，每个机会都能不放松。这是一桩和聪明人的艺术一样艰难的工作：

傻子不妨说几句聪明话。

聪明人说傻话难免受人笑骂。（《第十二夜》三幕一场。）

莎士比亚使用它的丑角，都和剧的背景相协调。感情主义（Sentimentalism）在《第十二夜》中表演着极重要的一角，因此该剧中的"傻子"斐斯脱也是一个具有那种倾向的人。他歌唱着"青春之恋"：

什么是爱情？它不在明天；

欢笑嬉游莫放过了眼前，

将来的事情有谁能逆料，

不要蹉跎了大好的年华；

来吻着我吧，你双十娇娃，

转眼青春早化成衰老！ （二幕三场）

他歌唱着"失恋的悲哀"：

免得多情的人们千万次的感伤，

请把我埋葬在无从凭吊的荒场。（二幕四场）

可是在《皆大欢喜》中的亚登森林（Forest of Arden）里，在那边"虽然与世间相遗弃，却可以听树木的谈话，溪中的流水便是大好的文章，一石之微，也暗寓着教训"；公爵和他的从者们"逍遥自得地把时间消磨过去，像是置身在古昔的黄金时代里一样"。在这种悠然出世的环境中，"感情主义"是用不到的，因此试金石就是一个对于人生有许多古怪的观察，而能乐天知命的傻子；他的俏皮话不像斐斯脱那样近于幼稚，也不像《李尔王》中的傻子那样尖刻。他是一个受过宫廷教养的人：

我曾经跳过高雅的舞；我曾经恭维过一位贵妇；我曾经向我的朋友弄过手腕，跟我的仇家假装亲热；我曾经毁了三个裁缝，闹过四回口角。

他对于恋人们表示过"深切"的同情：

我记得我在恋爱的时候，曾经把一柄剑在石头上摔碎，叫那趁夜里来和琴四妹儿幽会的家伙留心着我；我记得我曾经吻过她的洗衣棍子，也吻过被她那双皲裂的玉手挤过的母牛乳头；我记得我曾经把一颗豌豆荚权当作她而向她求婚，我剥出了两颗豆子，又把它们放进去，边流泪边说，"为了我的缘故，请您留着做个纪念罢。"我们这种多情种子都会做出一些古怪事儿来；但是我们既然都是凡人，一着了情魔是免不得要大发其痴劲的。（二幕四场）

他的最有名的一段"俏皮话"是关于"一句诳话的七种演变"，这里为着篇幅关系不再引述，读者可参看梁实秋《如顾》中的译文。

《李尔王》中的傻子似乎是精神上受到过某种迫害的人物，他的性格柔弱而易感，莎士比亚在刻画这一个配角的时候是用极其 Pathetic（我不知道怎样译这个字）的笔调的。"自从小公主（Cordelie）到法国去了之后，陛下，这傻子着实憔悴了呢。"李尔对于他的怜爱也是极值得注意的；他常常称之为"我的孩子"，"我的乖乖"。

来啊，我的孩子，你怎样啦，我的孩子？冷吗？我自己也冷着呢。……可怜的傻小子，我的心里还留着一块所在为你伤心呢。（三幕二场）

他是李尔的愚蠢的一面镜子，用他的尖锐而不缺少同情的讥刺使李尔认清他自己的面目。等到李尔了解了自己的错误之后，他的任务是企图用诙谐来慰解他主人的心理上所受的创伤，然而这是他的能力所不及的。李尔终于全然发了疯，而他也不再在剧中出现。

从"万事都不关心"的斐斯脱到"什么都懂"的试金石，再到《李尔王》中的那个带有几分辛辣味的傻子，可以代表三个不同的阶段；过了这个界限，便是愤世嫉俗一流了。《屈劳埃勒斯和克蕾茜达》（Troilus and Cressida）中的色雪替斯（Thersites），便以骂世者的姿态出现。

这一出并不"喜"的喜剧，其中的主要角色是我们所熟知的《荷马史诗》《依利亚特》（Iliat）中的人物，以屈劳埃（Troy）被围而终于攻陷的事作为背景，叙述着一对屈劳埃恋人始恋而终离的故事。色雪替斯是一个"残废而粗俗的希腊人"，希腊将帅所豢养的一个专以谩骂为事的弄人。在他的嘴里，那些天神似的英雄都成为不值半文钱。奈斯脱（Nestor）是一块"老鼠咬过的隔宿的千乳酪"，攸力栖斯（Ulysses）是一头"雄狐"，哀捷克斯（Ajax）是一只"杂种的恶狗"，阿契尔斯（Achilles）是"同样坏的一只狗"，他们都是一群"狡猾的棍徒"，阿茄曼侬（Agamemnon）的脑子不过像"一粒耳垢那么大"，他们为了一只"乌龟"——曼尼劳斯（Menelaus）——和一只"婊子"——海伦（Helen）——而无事兴波，大动其刀兵，还有那头"年青的驴子"屈劳埃勒斯也会为了一个水性杨花的女人而神思颠倒；这一点都供给了色雪替斯谩骂的机会，"奸淫，奸淫，永远是战争和奸淫；别的什么都不时髦，身上有火焰的魔鬼抓了他们去！"

这样的人使我们记起了《暴风雨》中的卡力班（Caliban），他是一个浑浑噩噩不识不知的怪物，可是普洛士丕罗（Prosepero）光临到他的岛上，教给他讲话，——

我从这上面所得的益处只是知道怎样骂人；但愿血瘟病瘟死了你，因为你要教我说你的那种话！

然而骂人的人终不过是一个傻子，因为世间的事是骂不胜骂的。

写到这里，我对于什么是傻子，以及怎样的人才是傻子，很觉得有些茫然之感了。

012
楚辞

今年的端午节在许多地方是被冷落过去了，当然也很少有人会想起两千多年前这一天有一个跳水自杀的诗人。

代表清流士大夫阶级的意识，作为中国第一个民族诗人的屈原，他的悲剧的遭际不用说给后世的读书人一个很大的感动，从而他的作品无论在思想上形式上技巧上给予后代文学的影响，也是极其惊人的。

《离骚》是中国第一篇"诗人的创作"，半自传式的抒情长诗，在那里作者披着荷叶制成的衣裳，身上佩着各色的香草，吃的是菊花瓣，喝的是木兰上的露水，弯凤蛟龙做他的扈从，在云端里到处访寻女神做他的恋人。丰富的想象，浓郁的情感，与纯粹象征的手法，使这诗成为一篇前无古人的独特的作品，供给后人无限的启发，甚至于剽窃的资料。

从形式与技巧上来说，《离骚》不是没有缺点的，散漫，冗复，拖沓，显然表示出它是随笔抒写，不曾经过精细考虑的作品。比较起来，《九歌》在艺术上是更为完美了。第一我们注意到《离骚》中每两句第一句句尾用"兮"字的句法，在这里变成了每句中央用"兮"字；前者单调地每四句一转韵，而后者却依自然的节奏而变化，这样产生了更为活泼生动的效果。其音韵之谐美幽婉，在中国诗中是很少见的。

这几篇祀神的乐曲，展开了一个奇丽的神话的境界，诗人一贯地用着悠谬荒唐的鬼话来寄托他的幽思。在《山鬼》一篇里，他写出一个飘渺的精灵，仿佛在山曲中徘徊来往，披着薜荔，带着女萝，她有着绝妙的容姿，寂寞地住在不见天日的幽篁之中，期待着她的所思，望着峰腰的阴云风雨，不禁兴起了天寒岁暮，莫与为言的悲感。

如果把这篇和杜甫的《佳人》对照起来，便可以很有趣地看出浪漫的与写实的手法之不同来。同样是为诗人自己人格写照的寓言，《山鬼》的第一句就是"若有人兮山之间"，用"若有人兮"四个字表示出迷离恍惚的神气；在《佳人》里却用"关中昔丧乱，兄弟遭杀戮……"一类句子来使读者发生似乎实有其人的印象。然而在本质上是并无不同的。"绝代有佳人，幽居在空谷"，便是"若有人兮山之阿，……既含睇兮又宜笑，……余处幽篁兮终不见天"的注解；"合昏尚知时，鸳鸯不独宿，但见新人笑，那闻旧人哭？"便是"怨公子兮怅忘归，君思我兮不得闲"的注解；"摘花不插发，采柏动盈掬，天寒翠袖薄，日暮倚修竹"，便是"采三秀兮于山间，石磊磊兮葛蔓蔓……山中人兮芳杜若，饮石泉兮阴松柏……风飒飒兮木萧萧，思公子兮徒离忧”的注解。

《山鬼》一篇共二十七句，其中除一句九个字外，都是七个字一句；《国殇》也是这样。从《九歌》到汉武帝《秋风辞》、张衡《四愁诗》一类的作品，再到魏文帝《燕歌行》而成立了正式的七言诗，其中演变的痕迹是很显然的。"嫋嫋兮秋风，洞庭波兮木叶下……沅有芷兮澧有兰，思公子兮未敢言"，是《九歌》《湘夫人》中的句子；"秋风起兮白云飞，草木黄落兮雁南归，兰有秀兮菊有芳，怀佳人兮不能忘"，是《秋风辞》的句子；"秋风萧瑟天气凉，草木摇落露为霜，群燕辞归雁南翔，念君客游思断肠"，是《燕歌行》的句子；在句调和意境方面可以看出来是交为影响的。

除了《离骚》《九歌》之外，《楚辞》中最值得注意的便是宋玉的《九辩》和《招魂》了。从《九辩》我们可以看出《楚辞》形式上的更进一步，像《九辩》第一首"悲哉秋之为气也"，下面接着用了许多繁音促节的排句，刻画出秋气的凄森，到"燕翩翩其辞归兮"之后，音节又舒缓了，这样表出了一个寒士在秋风中一种无可奈何的情绪。

《招魂》据说是宋玉吊屈原而作的，不去管他这句话的是否，我们可以推定它和《九歌》一样，原来都是荆楚民间的一种巫词，给诗人利用了而成为瑰丽光彩的文章。《招魂》前半列叙上下四方的危险，东方有吃人灵魂的千仞的长人，十个太阳照灼在天空；南方有额上刻花的黑齿野人，用人肉祭祀他们的祖先，还有九个头的雄虺；西方有流沙千里，蚂蚁大得和象一样；北方又有层冰积雪；如果到天上去，天上是有虎豹看着门的，生着九个头的人一天拔九千株树，豺狼捉了人来当作玩具；如果到地下去，地下有出角的魔王，阔背广肩，虎头牛身，生着三只眼睛，张开一双血手抓人。于是劝迷失的幽魂回到故居来，以下便铺张着宫室音乐饮食游观的钜丽，使人有目不暇接之概。

《招魂》的铺叙的手法一面启发了汉赋的作者，一面我们也可以看出如果把语尾的"些"字除去，其中大部分已经可以成为七言诗了。例如：

高堂邃宇槛层轩，层台累榭临高山，网户朱缀刻方连，冬有突厦夏室寒。川谷径复流潺湲，光风转蕙汜崇兰；经堂入奥朱尘筵。……仰观刻桷画龙蛇，坐堂伏槛临曲池，芙蓉始发杂芰荷，紫茎屏风文缘波，文异豹饰侍陂陁，轩辌既低步骑罗，兰薄户树琼木篱，魂兮归来何远为？……肴羞未通女乐罗，陈钟按鼓造新歌，《涉江》《采菱》发《扬荷》。美人既醉朱颜酡，娭光眇视目曾波，被文服纤丽而不奇，长发曼鬋艳陆离。……

作为七言诗看，这些句子是无瑕可摘的。至于结尾的"湛湛江水上有枫，目极千里伤春心，魂兮归来哀江南！"那真是绝妙好辞了。

013
一个教师所说的故事

（约翰·高尔斯华绥著，朱生豪译）

我想我们大家都仍然记得，战事发生那年的夏天的特殊的美丽。那时我在泰姆士河畔的一个乡村里当教师。快五十岁的年纪，病态的肩胛，加上一副极端无用的眼光，我的不能参加兵役是没有问题的，正像别个感觉敏锐的人一样，这在我心中引起了一种似乎是异常多感的心情。大好的天气，炽人的田野，刈获方才开始，静寂的夜间颤动着月光和阴影，在这一切里面，这个巨大的恐怖正在滋长潜生，数百万青年人的死亡的拘票已经签下了。

在某一个8月底的晚上，我离开家向沙丘上走去。约摸在九点半时候我碰见了两个从前的学生，一个男的一个女的，悄悄地立在一个古老的沙坑旁边。他们抬起头来向我道了声晚安。在沙丘顶上立定，我可以看见两边没有围篱的田亩；谷堆着的也有，直立着的也有，在月亮底下镀上了金色，月光在天空、田野、树林、农舍和下面的河水上散布了一种眩耀的神彩。对于像我这样一个中了魔惑的人，一切都似乎在作着妖妄的阴谋，仿佛在眼前展现了一幅外面世界里的惨酷凶残的屠杀的幻象。我想起了乔培凯脱和佩蒂罗敷还够不上谈恋爱的年龄，（要是他们果然在那里谈恋爱的话，）看上去是全然不像的。他们多分是没有满十六岁，因为他们才去年离开学校。佩蒂罗敷——一个有趣的孩子，聪敏而缄默——是村上洗衣妇的女儿，常常想洗衣服是辱没了她的，可是她已经在干这工作了，照村上的情形看起来，她是要一直洗衣服洗到嫁了人的。乔培凯脱在卡物尔的田地上做工，就在我站立的地方的下面，那口沙坑恰恰是他们两家中间的一半路。乔是个好孩子，雀斑脸，头发微红，一双碧眼睛直瞅着你。

我仍然站在那边，他在跑到卡物尔的田庄上去；现在我回想到那时的情形，真是遗恨无穷。

他伸出他的手来。"再会，先生，也许我不再看见你了。我已经入了伍。"

"入了伍？但是，我的好孩子，你到规定年龄至少还缺两岁呢。"

他笑。"这个月我已满十六岁，可是我打赌一定可以充作十八岁，我听说他们是不大顶真的。"

上帝！战争是怎样一种罪恶！从这种悄寂的月光的平和中，青年们匆忙地奔赴着人工的死亡，似乎天然的死亡还是不够与之奋斗似的。而我们——只能因此而赞美他们！嘿！我从来不曾停止过咒诅那拦阻我不去把那孩子的真实年龄告诉征兵当局的那种情感。

从丘顶上转身回家去，我又在沙坑边原来的地方遇见那孩子佩蒂。她的声音是很平静的，可是她全身震栗着。"他是那样倔强，乔！一脑子都是古怪的想头。我不知道他为什么一定要去，把——把我丢下。"

我忍不住微笑。她看见了，突然说：

"是的，我年纪很小，乔也是；可是无论如何，他是我的人呀！"

于是，吃惊着自己的这种大胆的表示，她把头摇了摇，像一匹羞怯的小兽似的，向一丛山毛榉中钻进去逃走了。

乔就是这样去了，有一年工夫我们不知道他的消息。佩蒂仍旧和她母亲在一起，替村上的人洗衣服。

在1915年9月的某个下午，我正站在乡村学校的教室里，和平常一样在沉思着战争和它的持久的僵局。街道远端的翦顶的菩提树底下，我望得见一个兵士和一个女郎立在一起。突然他向学校走了过来，乔培凯脱出现在门口了。

"我想我要见一见你。刚刚得到行军令。明天就出发到法国去，才告了个假。"

我觉得喉间有些梗塞，正像当我们所认识的年轻人第一次出去时所感觉到的一样。

"我有点事要告诉你，先生，佩蒂和我上星期已经结婚了。"他走到门口打了个口哨。佩蒂走了进来，穿着暗青色的衣服，很整洁而沉默。"佩蒂，把你的结婚证书和戒指给他看。"

那女孩子把证书拿出来，我一看那上面一个登记员已经给他们结了婚，用真的姓名和假的年龄。于是她脱下一只手套，举起她的左手来——那个神秘的环儿就在手指上！好！傻事已经干下，责备他们也没用了！

"是什么时候了，先生！"乔突然问我。

"五点钟。"

"我一定要去了。我的行囊在车站上。她留在这里可以吗，先生？"

我点了点头，走进前面的小室里去。回来的时候她坐在从前读书的位置上，她的两臂扑在墨污的课桌上，头俯伏着。她的短短的黑发，和她的年青的肩部的颤动，是我所看得见的一切。乔已经去了！好！那是当时欧洲的一般现象！我回到了室里，让她哭个痛快，可是我再回来的时候，她也去了。

第二个冬天过去了，比第一年愈加泥泞，愈多的血流着，战事结束的希望，也愈为渺茫了。佩蒂给我看过三四封乔的信，简单的文句，这里那里夹杂着些一半压抑住的感情的言语，署名的地方总是用"你的亲爱的夫，乔"。她的结婚在村上已被承认。那时童婚是很通行的。到了四月里，很明白地她已经"恭喜"了。

五月初有一天我经过罗敷太太的家，进去问候问候佩蒂。

"日子快到了，我已经写信给乔。也许他可以告个假。"

"我想那是一个错误，罗敷太太。我以为还是等到战争结束了再告诉他的好。"

"也许你是对的，先生，可是佩蒂因恐他不知道而坐立不安呢。

她是那样年青，你知道，不应该就做母亲的。"

"现在的时候什么事都是快得厉害，罗敷太太。"

一个月之后的某晚，我正在写论文，有人敲我的门，并非别人，正是乔培凯脱。"怎么！乔！告了假吗？"

"啊！我一定要来看看她。我还没有到那里去——我不敢。她怎样了，先生？"

苍白而满脸风尘，似乎经过一次艰苦的旅行，他的制服泥污而不加揩刷，他的微赤的头发蓬松着，看上去很是苦恼，可怜的孩子！

"我已经好几夜不睡了，想看她——她是这样一个孩子！"

"她知道你来吗？"

"不，一句话也不曾提。"

他来得正好，因为两天之后佩蒂就生了个男孩。那天晚上天黑之后乔跑来见我，非常兴奋。

"他是个宝贝，"他说，"可是我假如知道会这样，我决不做那事的，先生，我决不愿。一个人做些什么事情，似乎不到做好之后自己是不会知道的。"

从那个年青的父亲嘴里说出来，这是一句古怪的话，这句话的意思，到后来才是太明白了！

佩蒂很快地恢复了健康，不到三星期就能走动了。乔似乎告了一个长长的假，因为他仍然没有去，但是我不大和他讲话，因为虽然他对我总是很亲密，却似乎见我有些不好意思，讲到战争的时候，他简直闭口不提。一天晚上我遇见他和佩蒂倚在门上，靠近着河水——一个七月初旬的温暖的黄昏，当桑姆之战正是十分激烈的时候。外面是地狱的变相；而这里是极度的平和，静静地流着的河水，柳树和宁谧的白杨，暮色渐渐地深起来；那两个年青的东西，手臂交拥着，两个头紧贴在一起，——她的短短的黑发，和乔的蓬松乱发，已经是那么长了！我留心着不去惊扰他们。也许是他的最后一夜，明天就要重新回到熔炉里去了！

怀疑不是我的名分，可是老早我就有些疑心，直到那一个十分可怕的夜里，正当我要上床的时候，有什么东西敲着我的窗子，跑下去一看，外面是佩蒂，神情异常张惶。

"啊，先生，快来！他们把乔捉了去了。我恐怕他这回告假有什么岔儿，——是那么长。我想他会受到麻烦的，我曾经去问过比尔配脱曼"（村上的警察），"现在他们来当他逃兵抓了去了。啊！我干了些什么事啦？"

罗敷家的草屋前，乔在一个排长的卫兵的监视下立着，佩蒂扑到了他的怀中，里面，我听得见罗敷太太在向那排长求告，夹着婴孩的哭声。在村路的睡眠一样的静寂中，新割下来的蒿草的香味里，这是残酷的。

我向乔说话。他在她的臂中安静地回答我："我请假，但是他们不准。我必须来。一知道她的情形，我再也不能安定下去。"

"你的队伍在哪里？"

"在前线。"

"天啊！"

正在那时排长跑了出来。"我是他的教师，排长，"我说，"这可怜的家伙十六岁投军，现在你瞧还不曾满年龄哩，他又有了这个小妻子和一个新出世的婴孩。"

排长点着头。"我知道，先生，"他喃喃地说。"我知道。很罪过，可是我必须抓他去。他必须回到法国。"

"那是什么意思？"

"临阵脱逃，"他粗声地作着细语，"倒霉的事！你能够把那女孩子拉开吗，先生？"

但是乔自己松脱了她的紧握，把她推开；低下头来吻她的头发和脸孔；然后呻吟了一声，把她一直推到我的怀里，由卫兵管押着大步去了。我遗留在黑暗的飘着芳香的街道上，那伤心的孩子在我怀中挣扎着。

"啊我的天！我的天！我的天！"一遍又一遍地喊着。有什么话好说，什么办法好想呢？

那夜罗敷太太把佩蒂拖进屋去之后，我连夜誊写着关于乔培凯脱的事实。一份寄到他的司令部里，另一份寄给法国的随军牧师。两天之后，我再把他的出生证明书抄了副本寄上去给他确切证明。这是我所能尽力的一切。有半个月时间等候着消息到来。佩蒂仍然很悲痛。一想到因为自己的疑虑而由她自己把他交给他们的手中，这思想简直使她发了狂。也许全亏她的婴孩她才不至于变成疯人或自杀。那时桑姆之战继续在进行着，英国、法国、德国，几十万的女人每天在为她们的男子担着惊恐。可是我想没人能够有像那孩子那样的感觉。她的母亲，可怜的女人，常常到学校里来找我，问我听不听到什么消息。

"要是有最不幸的事情发生，"她说，"还是让这可怜的孩子知道了吧。这样的忧虑是会忧死了她的。"

于是有一天我果然得到了消息——从军队中的牧师寄来的信，一见了这，我把它塞在口袋里，溜到了河边，简直不敢当着别人的眼前把它拆开来。坐在地上，背倚着禾堆，我颤颤地把信拿出来。

"先生：乔培凯脱这孩子已在今天黎明时候枪毙。我很悲痛，不得不把这消息告诉你和他的妻子，可怜的孩子。战争诚然是一件残酷的事！"

我早已知道了。可怜的乔！可怜的佩蒂！可怜的！可怜的佩蒂！我读下去：

"我尽我的能力；你寄来的那些事实我已经向军事法庭上陈述，关于他的年龄问题也曾考虑过。但是那时告假是一概不准的：他的请求曾被明白拒绝；队伍正在前线，战事在进行着，而且那一个地段的情势是非常严重的。在这种情形之下，私人的问题无考虑的余地——军令是坚决的。也许必须要这样，我不能说。但是我为了这事大为痛苦，就是军法官他们自己也很感动的，那可怜的孩子似乎失了知觉；他不肯说话，什么事情似乎都不会听进去；他们告诉我判决之后他所说的唯一的话，当然也是我所听见他所说的唯一的话，只是'我的可怜的妻！我的可怜的妻！'一遍又一遍地反复着。他在最后的一瞬间，态度很镇静。"

　　他在最后的一瞬间态度很镇静！我还能够想象出他的样子来，可怜的任性的乔。天知道他虽然私离行伍，却不是懦怯！无论什么人一看他那双正直的碧眼会那样相信的。但是我想他们把他捆绑起来了。好！多费了一粒或少费了一粒子弹，比较起大规模的屠杀来算得甚么呢？正像柳树上的一滴雨点落下河水流到大海去，那孩子也像无数其他的人一样复归于黄土了。想起来是有些讽刺性的，他在一个月之前不愿去做合法的炮灰，现在却是他自己一方面的人打死了他！也许是有些讽刺性的，他把他这儿子遗留给这样一个不和平的世界！可是像这种真实的故事里，要找什么教训可找不出来的，除非它告诉我们生与死的节奏，对于我们中间任何人都是毫不关心的。

014
清苦的编辑先生

　　做一个编辑先生是很苦的，举例说，他没有寒假暑假，这使他常常羡慕教书先生；他必须在七点钟以前起身，怕误了到书局办公的钟点（在某书局里，迟到五分钟也要照扣薪水）；他睡得很晚，因为大多数的编辑先生都是有家小的，正常的薪水不很够开销，必得干一些外快；他的生活是单调而无变化，每天这样，每星期这样，每月这样，每年这样，把一个人磨成了一部机器；他的工作也不见得尽合于他的趣味，在营业前提之下，书呆子式的良心是要放在第二位的。

编辑先生和作家完全是两种不同的人物。一个作家尽管穷途潦倒，受不到"俗眼的赏识"，然而当他完成了一件作品，不论是数百万言的巨著，或者一两行精警的诗句之后，总感到一种精神上的满足；也许他肚子是饿着，但他不是没有酬报的。

可是受雇于出版商人的编辑先生，都不会感觉到这一种满足；当他完成了一件受指派的工作时，不过觉得如释重负而已；如果他是个有良心的，多分他会害羞把他的名字放在他所"编"的书上。

当然名利双收的编辑先生也许并非没有，但这只是极少数的例外。让我们想象想象看所谓编辑先生者是怎样一个人：

三四十岁年纪，穿中国衣服，戴近视眼镜，人是瘦个儿的，也许不大会讲话，也许善于高谈阔论，但总之不是一个实际家。妻是个中学程度的女性，常常埋怨他不会发展，但很能体贴他。假定他有两个孩子，大的约十岁左右，不算笨也不怎样特别聪明，可有点太文弱。他们租了一幢房子，楼上分租给人家，生活是马马虎虎过去，从来不曾十分宽裕过，有时譬如遇到局方欠薪的时候很有些捉襟见肘，但侥幸总算没有负债。他们很做人家，有空不过公园里荡荡，或看一本一两角钱的影戏，为了顺他太太的胃口，看的影戏总是秀兰邓波儿一类。这位王先生（我们假定他姓王）每到星期日停工的日子，上午总要睡到十点半起来，这是他一星期中唯一享受清福的时间，每年春天他常常和太太计划游一次杭州或无锡，但多分是去不成功。都市生活虽使他厌烦，但他却仿佛有些麻木得不以为意了。他常对共产党表示同情，但实际是一个中庸主义者。

有时他要向人发感慨，说自从有了家庭以后，全然做了生活的奴隶，少年的豪情逸致，不知到哪里去了。他很羡慕祖借亭子间的那位年青朋友，老是吹口琴写情书，口袋里常常有巧格力糖，跳出跳进一点心事都没有。然而他太太的意见却相反，以为这孩子很可怜，应该有个老婆照顾他。有时王先生自己想了一下，也觉得他娶了这位不怎么漂亮而绝对不摩登的太太，是他一生中唯一的成功。

总之，现状是不必抱怨的。他眼看他有几位旧日的知交，在政海中浮沉起伏，

一朝得意，一朝失意；有几位做商人的，现在都面团团作富家翁了，但他们是他所

无从企及的；还有几位和他差不多"没出息"的，在这个学校里教两年，在那个学校里混几个月；而他这几年来一直没有变化，进去的时候是七十元一月薪水，一度曾加到九十元，现在因紧缩关系又减成了七十，至少生活是稳定的，只要公司不关门的话。而且，我还要代他补充一句，编辑工作是最不必费什么心思的事，左右不过是把些现成的材料拼拼凑凑；你所要对付的不过是纸上的几个黑字，一日工作完毕，把稿子向抽屉里一塞，回到家去，根本用不到再去想它。

015
自力教育

有钱人家把子弟送入大学读书，好像是一件例行的公事；而子弟因倚赖着足衣足食，也少有自己知道发愤努力的。结果教育成了一件奢侈品，浪费了巨额金钱，换到的只是一纸有名无实的文凭，对于社会国家，对于自己，都是一无益处。这现象不只中国有，别国也有。美国某女作家最近曾向一般家长们作过贤明的警告："不要送你们的儿子到大学里去。"（原文见十月份的 Reader's Digest）。

她说她从前的家境非常贫困，在中学里只读了一年，进大学简直毫无希望。早晨上学，她要在雪地里走两里路。艰难的环境炼成了她的铁的意志。辍学以后，正当1907年经济大恐慌的时代。她非得找到一个职业不可，否则就要饿死。拼命找到了一个位置，在救生局拿到两块半一星期的周薪，每星期十足办公七天，每天十足工作十二小时，还要偷空学习电报术。

现在她的长子已经中学毕业了，她可以把他送进大学里去，但是她不那么做。因为她要他得到每一个磨练他自己的机会。他在学校里对于功课是满不在乎的，虽然很聪明，可是不肯用功，分数但求及格便算数，全不想出人头地。在家里也是随随便便，不负责任的样子。

她说："今日的青年比起从前的我们来是幸福得多了，他们的环境更为优美，知识也更为丰富，可是他们缺少我们所有的一种坚毅的精神。我的孩子们也都没有进取心。给他们职业，他们接受了，可是他们不知道有什么需要做的工作，而为他们自己创造一种事业出来。他们不知道利用自己的能力。"

"我看着我的大儿子，高高的，身体很结实，穿着温暖的衣服，吃着肉，牛油，冰淇淋，好像这些都是当然之事；看着电影，上上球场，驾了一辆旧汽车（有点不甚乐意）到附近各处玩玩；一年九个月在学校，倘不再给他上四年大学，就会觉得很委屈。倘使在世界上其他的各处，照他那样身份地位的孩子早就有了工作了，衣服应该是很破旧的，靠着面包和干酪过日子，也许在节日可以吃一次肉，汽车和大学是梦想不到的事。

"什么使我的儿子有钱而享福呢？一百年之前，美国人并不比欧洲人更富。我的儿子所享到的一切，都是前代人于饥寒挣扎努力得来的结果。我的儿子有没有继续作这种努力的准备呢？我知道我一生中得力之处便是我的艰难的处境。从穷困中挣扎出来，可以养成无价的毅力。克服了一切之后，我们有了自信，知道我们的力量胜于逆境。即使再遭挫折，也不会灰心。

"可是我的儿子却得不到这种机会。进学校已经不是一种切望的权利，而是一件强迫的例规。他不得不进学校，既然是相当聪明，一张中学文凭上所规定必修的十六个学分，自然用不到费十分气力。多读几个学分有什么用，得到好分数又有什么用呢？"

她的儿子预备进大学拿到一个工程师学位。他说："要是你不能送我进大学，那么我便不能进去；要是我不能进大学，我便不能当工程师。现在这种时候，职业不是可以随随便便得到的。"她对他说："要是你要进大学，就得用你自己的力量进去。"他毕业了，她说："好，现在你去进大学吧，如果你有本事的话。"

这是一件残酷的事，可是比这更为残酷的是剥夺去子弟们经历艰难的机会。让他们在学校里糊涂过去，一进社会，就茫然无所措其手足。"我不愿再给我的儿子四年姑息的爱护。"她说："倘要他将来做个有用的人，他必须是一个战斗者，能够克服自己，克服环境。他必须强迫世间给他他所要的事物。不甘示弱的人，才能创造一切有价值的东西。"

她的儿子离开了家庭，出去找事了。三个多月没有消息。一个没有经验，也没有特殊技能的青年，带出去的钱也该用完了，他的母亲发起急来。

一个电报从很远的某处来了："已在此间最大汽车行任无线电技师。一切顺适。拟明年入大学。"

他怎样会找到这位置她不知道，他对于无线电向无研究，但她相信他现在已经是个能手了；她从前因为当了电报员而不得不学习起打字来，情形也是一样。她更相信他一定会得到大学中的学位。

他现在所得的机会不是可以用金钱买到的。没有人供给他的需要，他须自己供给自己。他是在凭借自己的能力了。

送一个孩子进大学，和帮助一个愿意用自力进大学的孩子，其间是有很大的区别的。让他发展并利用自己的能力。这至少可以使他们养成独立自尊的人格。

016
他有过一个朋友

他从前穷苦的时候，曾经有一个朋友，那是一只小老鼠，并不是一只特别的老鼠，不过是一只长着几根长须，一条光滑而惹厌的尾巴，灰色的小老鼠；要是你住在一间只容得下一张床一张桌子两把椅子的小房间里，这种老鼠是常会发现的。

他第一次看见他的小朋友，是在一个夜里。他正在写字，一面啃着一块面包，面包是已经发霉的了。一块面包皮飞落在地板上。墙角下有一个小洞，洞里出现了一双闪烁的细眼睛，和几根发光的胡须。他知道是一只老鼠。

他掉头不去看它。也许这屋子里有几百只老鼠，这一只小老鼠又有甚么？他想要工作，可是见了这老鼠，他的思想纷乱了，再也不能集中起来。他对这老鼠发怒了。干硬的面包哽在他喉咙里，他立起身来想倒杯水喝。老鼠见他走过来，溜回洞里去了。杯子里倒满了水，他回到桌子旁边等着。

一会儿老鼠的头又伸出来了。他一下子把杯子连水摔了过去，豁刺一声，杯子打破，全屋震动。墙上溅满了水。老鼠未损分毫，依然缩了回去。他恨恨地骂了。不多几秒钟功夫，他听见房东太太在扶梯上走上来的声音。她碰门。

"喂！喂！里面！什么事啊？"

"没有什么，"推开门来。"没有什么，是一只老鼠。"

房东太太立在门口，瞧那溅湿的墙壁和粉碎的杯子。

"我关照你，"她说："人家是要睡觉的，半夜里掼家生我可不答应。"

他不好意思起来。

"我知道，可是这只老鼠真讨厌。"

房东太太摇头。

"加我两块钱房钱，我就给你把房间打扫干净，老鼠全给你赶掉。"

"我付不起，可是老鼠总得想个办法。"

"好吧，我给你想法——，可是不许再掼杯子了。"

房东太太的脚步声远了，他重新坐下。这次事件使得他十分疲乏无力，眼睛也觉得酸痛了。两臂扑在桌子上，把头伏在上面。这样下去会弄到怎么地步呢？见了一只老鼠会摔起杯子来，莫不是他有了神经病了？他知道房东太太一定以为他神经病发作。

可是他想起：好多次当他在桌上搜索枯肠的时候，这位房东太太却在三层楼上拉开了喉咙向下面的邮差哩，送牛奶的哩，或是别的人哗喇哗喇叫喊。有时这种一来一去的高声谈话，要延续半小时之久。这时候他便要两手揿住耳朵，把头摇来摇去，直至他觉得他的胸膛里有什么东西快要爆破了，那时他就会狂喊一声，扼住这位房东太太的喉咙的。

到底，一个人的忍耐是有限度的。一超过这个限度，某种暴力的行为就无可避免。假定用同样的情形作为题材，格外渲染得浓烈一点，一定可以写成一篇出色的小说。好极了！这是一幕人情的戏剧，每一个人都有同感的。

他觉得很得意。老鼠，摔破的杯子，房东太太，全忘记了，他把已经写好了的一起撕去，重新铺开纸来，振笔直书。

几点钟之后，他的眼睛烧痛得厉害，手指也僵硬了，于是辍笔睡觉。他觉得心安意适，好像把他的思想传达到纸上，一切的困苦便立即消失于无形，只剩下一个麻木而无知觉的生命。刚要把电灯关熄，忽然想起了一件事。起来一看，面包皮已经给老鼠吃去。微笑着，他把更大的一块放在地板上。

明天一早起身，上街买面包作早餐。回来一推开门，那老鼠端坐在洞外，向着他望，好像在盼他再给些面包皮似的。

"喂，老鼠！"他说。

调好了一杯咖啡，他坐下吃面包。他用手指挖出一块面包心，丢给老鼠。老鼠立刻把它吃下了。它的确是一只可爱的小东西，昨天向它摔杯子，他觉得很抱歉。可是倘没有那回事，也许他们永不会结识起来，一切都是为着最好。

可是别发傻了！有工作要做呢。他把写下的读了一遍，很不坏。读第二遍的时候，更觉得中意。"一个人只要一用心思，何事不可成！"眼睛瞧着老鼠，他这样说。当他想要谈话的时候，能够有什么活的东西可以作他谈话的对象，的确是很愉快的。

几天之后，老鼠和他很要好了。当他立起身来走动的时候，它不再跳回到洞里去，而像一只松鼠似的用后脚坐起在楼板中央，它的柔软光滑的肚皮裸在外面，满不在乎地摩擦着它的前脚。现在他可以伸出手去把东西喂给它吃，它小小心心地不咬到他的手指上，当他工作的时候，他可以听见它在房间里跑来跑去，那小小的脚在油漆布上擦过的声音，听着怪窝心的。可是他又觉得有些惭愧，竟和一只老鼠交起朋友来。然而每回走进室中，总是情不自禁地说："喂，老鼠！"要是它不立刻出来，心里仿佛很不安似的。

一个多星期以后，全篇完成了，端端整整地抄在稿纸上，署上了自己的名字，送到了邮筒里去；"一路顺风！"他默祷着。小说是择最好的一家杂志送去登载的，要是能够受到主笔先生的青眼，那再好没有；不然的话，这也不是第一次吃退回来。

此后的两天他整天在图书馆里看书。一到中午，便到公共食堂里吃些三明治和咖啡，总不忘记留一些干酪包起来放在口袋里回去给老鼠吃。午后仍旧回到图书馆里。天黑回家，和老鼠谈话了几句，胡乱吃了些东西便倒头睡下。他全然不想工作，什么都鼓励他不起来，好像在一种梦游的状态中生活着。

从第一天到图书馆去后，他发现了一件惊人的事实，那就是从早起到睡觉，除了那老鼠以外他不曾和别人开过一句口。这里面很有些超然的感觉，使他有些得意。

渐渐地，这种不和人家开口成为一种病态的习惯。到甚么店铺里买东西的时候，他总是默不一声地用手指指出他所要的东西。只有当他在楼梯上碰见了房东太太的时候，她阴阳怪气地向他招呼了一下，他才不得不回答她一声，因为他的房租已经拖欠了几天没有付，不能不敷衍她。可是这使他大为着恼。

另外他又养成了一桩怪癖。每次有一个漂亮的姑娘走过身旁，好奇地向他瞅了一眼的时候，他总是把舌头探出，向她皱了眉头扮鬼脸，把那姑娘吓得逃跑了。他觉得这样很有趣，可是有一回一个姑娘喊了起来，"疯子来了！"不多一会儿便有一大群人围住了他。

他永远忘不了那时候攫住他全身的那种恐怖。

一封信套在一个陌生的信封里，一个早上寄来了。蓦地叫了起来，他简直兴奋得连信封都撕不开来。好容易取出信纸，两眼朦胧地读完了稿子录取的通知，还有一张五十元的支票。好半天他的嘴巴张开着，粗声而模糊地不知在咕噜些什么。

房东太太跑来了。

"什么事？"她抓住他的臂。

"瞧！"他把支票在她的面前摇晃着。

她说，"那好极。我以为不知出了什么事情。"

他茫然地望着她，然后纵声大笑。

"没有什么，没有什么。"拍着她的肩膀。和房东太太是解释不明白的。

走到街上，他觉得从来不曾这样快乐过。看见每个人他都向他们笑，甚至于想要拉住了什么人告诉他他的幸运。不，这是个秘密，不能让人知道。

第一个要对付的是房东太太。当他把十块钱塞进她的手里去的时候，她浑身都笑起来了：四块钱是还欠租，四块是预付，两块是请她收拾房间。整整的十块钱！他满不在乎地送了过去。

又到街上去，阳光轻抚着他的脸孔，那暖气是和他心里的快乐交融着，洋溢在空气之中。现在他可以自傲了，袋里有四十块大洋钱！倘使有个什么人在身边就好了。突然一阵锐利的痛苦刺彻他的全身，他发觉世上没有一个可以分享他的快乐的人；他是全然的孤独者。

无目的地，他在市上来往徘徊。到一家大菜馆里吃了一顿好久不曾吃过的丰美的午餐。菜蔬是很不错，可是都没有当他在嚼着干硬的面包时所想象的那种风味。

侍者送上了一碟苹果派，上面有一小方干酪。下意识地他把干酪取下放在口袋里。于是他记起了，那老鼠！他全然忘记了他的小朋友了。而且他还把两块钱给房东太太叫她打扫屋子！来不及吃点心，他就付了账立起身来。

几分钟之后，他气喘吁吁地奔上了楼梯。在门口踟蹰了片刻，于是推门进去。正如他所担心的，房东太太已经用破布头把墙洞填塞好了。他伏在楼板上，床底下四周各处，一一找寻。没有老鼠的踪迹。把墙洞里的破布头扯出了，等着，毫无结果。他开始咒骂起来，于是发觉自己的痴愚而沉默了。无论如何，他决定要调查出那老鼠的下落。

楼下房东太太正在等候他。见了他，她说：

"我想那样奔着的一准是你。瞧，我有好东西给你看——"她举起了一只鼠笼，里面一只老鼠——死了。弹簧刚巧压住了老鼠的正中，把身体扭成了一个半圆形，头高高抬起着，十分痛苦的样子。

"迟早我会捉住它们的，"房东太太神气活现地说，"这老鼠以后不会再来烦扰你了。""我想不会再来了，"他说。

当他一个人的时候，他坐在床边，大笑起来。他记起了从小时候他所看见过的一切老鼠，他怎样把它们弄杀了拎着尾巴顽儿，那记忆又使他笑了。可是他的笑声在房间里回响着，带着一种奇怪的模仿的声调，他知道他不能确实说那是他自己心里发出来的笑声……

后来他站起身来，伸了个懒腰。摸索着袋里簇新的纸币，满意地发出格格的笑声。穷苦与孤寂会使一个人变得生的门忒儿，简直到了叫人吃惊的程度：甚至于会和老鼠要好起来。他决意跑出去，痛快地庆祝一下他自己的从穷困中的再生。